ПОСЛАНИЕТО
НА
КРЪСТА

ПОСЛАНИЕТО
НА
КРЪСТА

Преп. Д-р Джейрок Лий

URIM
BOOKS

Посланието на Кръста от Д-р Джейрок Лий
Издадена от Юрим букс (Представител: Сионгкион Вин)
235-3, Гуро-донг3, Гуро-гу, Сеул, Корея
www.urimbooks.com

Освен ако не е посочено другояче, всички цитати от Библията са взети от Светата Библия - Нова Американска Библия ®, Copyright © 1960, 1962, 1963, 1968, 1971, 1972, 1973, 1975, 1977, 1995 Фондация Локман. Използвани с разрешение.

Предишно издание на корейски език от Юрим букс, 2002 г.

Първо издание - април 2012 г.

Редакция Д-р Джюмсан Вин
Дизайн – Издателска къща Юрим букс
За повече информация: urimbook@hotmail.com

ПРЕДГОВОР

С пожелание да разберете Божието сърце и Неговия велик план с любов и да положа основите на вярата Ви.

От 1986 година, *Посланието на Кръста* поведе хиляди хора по пътя на спасението и представи безкрайно много дела на Светия дух чрез множество международни мисии. Нашият Баща Бог ме благослови за издаването на тази книга. Благодаря Му и Го възхвалявам!

Много хора казват, че вярват в Създателя Бог и познават любовта на Неговия син Исус Христос, но не са способни да проповядват с убеденост евангелието. Всъщност, само мнозина християни разбират сърцето и провидението на Бога. Много християни са отдалечени от Бога, защото не са получили ясни отговори на много въпроси от Библията или не са разбрали тайнственото провидение на Божията любов.

Например, какво ще отговорите ако ви зададат следните три въпроса: „Защо Бог поставил дървото на познанието на доброто и злото и защо позволил на хората да ядат от него?", „Защо Бог създал ада, въпреки че пожертвал Своя Син Исус Христос за грешниците?" и „Защо Исус е *единственият* Спасител?"

През първите години на моя християнски живот, аз не бях способен да разбера дълбокото Божие провидение за сътворението и Неговото тайно провидение, скрито в кръста. След като бях призован за проповедник на евангелието, започнах да си създавам въпроса: „Как мога да поведа хиляди хора по пътя на спасението и да възхвалявам Бога?" Осъзнах, че трябва да разбера всичко в Библията, включително трудните за тълкуване части и да ги проповядвам в целия свят. Постих толкова често, колкото можех и се молих за това. Минаха седем години преди Бог да ги разкрие за мен.

През 1985 година, докато страстно се молих, бях изпълнен със Светия дух. Той започна да тълкува скритото тайно Божие провидение, което беше „Посланието на кръста". Проповядвах го на всяка сутрешна неделна служба в продължение на 21 седмици. Записите с „Посланието на кръста" въздействаха на много хора в страната и в чужбина. Навсякъде, където беше проповядвано, Светият дух действаше като пламтящ огън. Много хора се покаяха за греховете си и бяха излекувани от техните болести. Те отхвърлиха съмненията си за Божието провидение и придобиха истинска вяра и вечен живот. До този момент не познаваха добре Бога и Неговата любов, но започнаха да разбират Божия план, срещнаха Го и получиха надежда за вечен живот с посланието Му.

Ако осъзнавате ясно защо Бог е поставил дървото на познанието на доброто и злото в Едемската градина, ще разберете по-добре любовта Му и провидението за развитието на човечеството. С познанието на истинската цел на живота ви, ще можете да победите греховете си чрез проливането на кръв, ще направите всичко възможно да наподобявате сърцето на Господ Исус Христос и да бъдете верни на Бога до вашата смърт.

Посланието на Кръста ще ви разкрие тайното Божие провидение, скрито в кръста и ще ви помогне да поставите основите за истинския добър християнски живот. Ето защо всеки, който чете тази книга, ще бъде способен да разбере любовта и провидението на Бога, да изпитва истинска вяра, да установи и да води Богоугоден християнски живот.

Благодаря на директора и на персонала на издателската къща, които направиха всичко възможно за издаването на тази книга. Благодаря също на преводаческата агенция.

Нека хиляди хора да разберат дълбокото провидение на Бога, да срещнат Бога на любовта и да бъдат спасени като истински Божи деца - моля се за всичко това в името на Господ Исус Христос!

Джейрок Лий

ВЪВЕДЕНИЕ

Посланието на Кръста е Божията сила и мъдрост и могъщо послание за всички християни от целия свят!

Отдавам почест и благодарност на нашия Баща Бог, който ни ръководи за публикуването на *Посланието на Кръста*. Много членове на Манмин в целия свят очакваха нейното издаване. Книгата дава ясни отговори на много от въпросите, задавани от християните: „Какъв е бил Създателят Бог преди началото?", „Защо Бог е създал човека и го е оставил на тази земя?", „Защо поставил Бог в Едемската градина дървото на познанието на доброто и злото?", „Защо изпратил Бог Своя единствен Син като изкупителна жертва?", „Защо планирал Бог провидението за спасението чрез грубия дървен кръст?" и много други.

Тази книга се състои от вдъхновени послания, проповядвани от д-р Джейрок Лий и ви учи да разберете дълбоката, всеобхватна и велика любов на

Бога.

Глава 1, „Бог Създателят и Библията" ви запознава с Бога и действията Му сред вас. В тази глава ще намерите доказателства за живия Бог и ще разберете истинността на Библията за историята на човечеството. Тя доказва погрешността на теорията за еволюцията и истината за Божието сътворение.

Глава 2, „Бог създава и се грижи за хората" свидетелства, че Бог е създал всички неща на вселената и е направил човека по Свое подобие. Тази глава ви учи за истинското значение на човешкия живот и целта на развитието на хората като Божи и истински духовни деца.

Глава 3, „Дървото на познанието на доброто и злото" дава отговори на основния въпрос за всички християни: Защо Бог посадил дървото на знанието на доброто и злото? Тази глава обяснява подробно причините и ви помага да разберете дълбоката любов и тайнственото провидение на Бога, който се грижи за хората на земята.

Глава 4, „Тайната, скрита преди началото на времената" обяснява връзката между закона за изкупуване на земята и духовния закон за спасението на хората (Левит 25). Главата обяснява също, че всички хора трябвало да тръгнат по пътя на смъртта заради греховете си, но Бог подготвил прекрасен начин за спасението им преди началото на времената. Накрая, тя ви казва защо Бог е укрил пътя за спасението на хората до часа на Неговото избиране и защо Христос отговаря на условията за закона за изкупуване на земята.

Глава 5 „Защо Христос е нашият единствен спасител?" обяснява как Божият план за спасението на човечеството, скрит преди началото на времената, бил изпълнен чрез Христос, уточнява причината за Неговото разпъване, благословиите и правата на децата на Бога, значението на името „Исус Христос", защо Бог не посочил друго име под небето за спасението на хората и т.н. Ще почувствате неизмеримата любов на Бога ако разберете духовния смисъл на посланието, описано в тази глава.

Глава 6, „Провидението на кръста" описва дълбокия смисъл на страданията на Христос. Защо Исус се родил в кошара и го положили в ясли ако наистина бил Божият Син? Защо бил беден през целия Си живот? Защо бичували тялото Му, защо Му сложили корона от тръни и Го заковали на кръста? Защо страдал от болка дотолкова, че пролял кръвта Си?

Тази глава дава точни отговори на тези въпроси и ви помага да разберете духовния смисъл на страданията Му. Всички видове болести, страдания, бедност, семейни раздори, бизнес затруднения и др. ще бъдат решени с вашето разбиране и вяра в духовното значение на страданията на Исус. Тази глава ви помага да разберете дълбоката любов на Бога, да отхвърлите злото и да участвате в божествената природа.

Глава 7, „Последните седем фрази на Исус на кръста" обяснява духовния смисъл на последните седем фрази, изречени от Исус на кръста точно преди смъртта Му. Чрез последните седем фрази на кръста, Той изпълнил мисията Си, получена от Неговия Баща Бог. Тази глава подчертава, че вие трябва да разберете великата любов на Исус към човечеството, да чакате второто Му пришествие и да водите истинската борба до края с надеждата за възкресение.

Глава 8, „Истинска вяра и вечен живот" посочва, че само с истинска вяра ще станем едно с младоженеца Исус Христос. Библията предупреждава за онези, които казват, че вярват в Спасителя Исус Христос, но не могат да бъдат спасени в деня на Страшния съд. Библията поставя ударение не само на приемането на Исус Христос, но и на взимането на причастие и отпиването на кръвта Му за постигане на вечно спасение. Може да имате истинска вяра, която да ви поведе по пътя на спасението, когато ядете от плътта Му и пиете от кръвта Му. Тази глава ви учи за естеството на истинската вяра, как да я получите и какво да направите, за да постигнете пълно спасение.

Глава 9, „Да бъде роден от вода и Дух" започва с разговора между Исус и Никодим. С това завършва *Посланието на Кръста*. Сърцето ви трябва непрекъснато да бъде пречиствано с водата и Светия дух докато Исус Христос се завърне и трябва да пазите своя дух, душа и тяло неопетнени за Второто Му пришествие, когато Господ ще Ви приеме като Неговата красива булка.

Глава 10, „Какво означава ерес?" разглежда какво означава ерес, негативните и погрешни разбирания на много християни за ереста. В днешно време, много хора разбират неправилно или обявяват Божиите думи за ерес, защото не знаят библейското определение за ерес. Тази глава ви предупреждава, че не трябва да осъждате, нито да отричате делата на Светия дух като ерес и посочва как трябва да разграничавате Духа на истината от духа на заблудата, както и някои еретични вероизповедания. В главата се подчертава, че трябва винаги да се молите и да живеете праведно, за да не бъдете изкушени от духа на прегрешението.

В 1 Коринтяни 1:18, апостол Павел говори за посланието на кръста, Божията мъдрост: *„ Защото словото на кръста е безумие за тия, които погиват; а за нас, които се спасяваме, то е Божия сила"*. Всеки може да притежава истинска вяра, да срещне живия Бог и да се радва на християнски живот, когато разбира тайната, скрита в кръста и осъзнава дълбокото провидение на Божията велика любов към човечеството.

Посланието на Кръста е основното учение на вашия живот. Ето защо, аз се моля в името на Господ да поставите основите на вашия християнски живот и да постигнете пълно спасение и вечен живот.

Гюмсан Вин
Директор на издателското бюро

СЪДЪРЖАНИЕ

ПРЕДГОВОР

ВЪВЕДЕНИЕ

Глава 1 _ Бог Създателят и Библията • 1

- Бог е Създателят
- Аз съм Оня, който съм
- Бог е всезнаещ и всемогъщ
- Бог е авторът на Библията
- Всяка дума в Библията е вярна

Глава 2 _ Бог създава и култивира хората • 25

- Бог създава хората
- Защо Бог развива хората?
- Бог отделя пшеницата от плявата

Глава 3 _ **Дървото на познанието на доброто
и злото •** 43

- Адам и Ева в Едемската градина
- Адам доброволно избрал неподчинението
- Заплатата на греха е смърт
- Защо Бог посадил дървото на познанието
  на доброто и злото в Едемската градина?

Глава 4 _ **Тайната, скрита преди началото
на времената •** 69

- Властта на Адам предадена на дявола
- Законът за изкупуване на земята
- Тайната, скрита преди началото на времената
- Исус е подходящ според закона

Глава 5 _ **Защо Исус е нашият единствен Спасител?** • 89

- Провидението за спасение чрез Исус Христос
- Защо Исус бил разпънат на дървен кръст?
- Никое друго име в света освен името на „Исус Христос"

Глава 6 _ **Провидението на кръста** • 109

- Роден в кошара и положен в ясли
- Животът на Исус в бедност
- Бичували Го и пролял кръвта Му
- Носейки корона от тръни
- Дрехите на Исус
- Закован за ръцете и краката
- Краката на Исус не били счупени,
  но тялото Му било пронизано

Глава 7 _ **Последните седем фрази на Исус
на кръста** • 153

- Отче, прости им
- Днес ще бъдеш с мен в Рая
- Жено, ето твоя син; Ето твоята майка
- Боже Мой, Боже Мой, защо си Ме оставил?

- Жаден съм
- Извърши се
- Отче, в Твоите ръце предавам духа Си

Глава 8 _ Истинска вяра и вечен живот • 183

- Каква голяма мистерия!
- Фалшивите изповеди не водят до спасение
- Плътта и кръвта на Сина на Хората
- Опрощаване единствено чрез вървенето в светлината
- Вярата, придружена с дела е истинска вяра

Глава 9 _ Роден от вода и Дух • 235

- Никодим отива при Исус
- Исус помогнал за духовното разбиране на Никодим
- Когато е роден от вода и Дух
- Трима, които свидетелстват: Духът, Водата и Кръвта

Глава 10 _ Какво е ерес? • 253

- Описанието на ереста според Библията
- Духът на истината и духът на заблудата

Глава 1

Бог Създателят и Библията

- Бог е Създателят
- Аз съм Оня, който съм
- Бог е всезнаещ и всемогъщ
- Бог е авторът на Библията
- Всяка дума в Библията е вярна

„В началото Бог сътвори небето и земята".

Битие 1:1

Бог е Създателят

В днешно време има безброй книги в целия свят, но никоя друга книга освен Библията, не ви дава подробни и ясни отговори на въпросите за произхода и сътворението на вселената, за началото и за края на човешката раса.

Библията дава ясен отговор на въпроса за произхода на вселената и живота. Битие 1:1 казва: *„В началото Бог сътвори небето и земята"* и Евреи 11:3 гласи: *„С вяра разбираме, че световете са били създадени с Божието слово, така че видимото не стана от видими неща."* Не всичко видимо е създадено от вече съществуващи неща. Създадено е от „нищото" по Божия заповед.

Хората могат да изградят нещо от вече съществуващ предмет, а именно, като преобразуват или смесват материали, но не могат да създадат нещо от нищото.

Невъобразимо е човек да създаде жив организъм. Дори и да разполага с достатъчно напреднала технология, за да сътвори компютри с изкуствен интелект или да клонира агнета, той не може да създаде дори и амеба от нищото.

Следователно, хората просто извличат живите организми от нещата, дадени от Бога и ги комбинират по различни начини. Нищо повече от това.

Ето защо трябва да знаете, че само Бог е способен да създаде нещо от нищото. Само Създателят Бог е създал вселената по Негова заповед и контролира всичко: историята на човечеството, живота и смъртта, благословиите и проклятията върху хората.

Доказателства, които ви карат да вярвате в Създателя Бог

Всичко - къщата, масата и дори един пирон – е създаден от някого. Излишно е да се казва, че някой трябва да е създал вселената. Трябва да има собственик, който я е създал и който я управлява. Това е създателят Бог, за когото се говори многократно в Библията.

Огледайте се наоколо и ще намерите множество доказателства за сътворението. Най-лесният пример е големият брой хора на земята. Независимо от своята раса, възраст, пол, социален статут и т.н., всеки има две очи, един нос с две ноздри и една уста.

Въпреки че всяко животно се отличава малко от себеподобните си, то има същите лицеви характеристики. Например, слонът притежава дълъг нос (хобот), но той е разположен по средата на лицето и над устата. Не се намира над очите, под устата или отгоре на главата му. Всеки слон има две ноздри, две очи, две уши и една уста. Всички птици в небето, всички риби в океана или в реката, имат същите характеристики.

Освен структурата на лицето, всички бозайници имат подобна храносмилателна и размножителна система. Всички консумират храната чрез устата и всичко от устата преминава в стомаха и излиза извън тялото. Всички бозайници се чифтосват с противоположния пол и създават поколенията.

Когато разгледате заедно тези очевидни фактори, не бихте могли да кажете, че това е съвпадение или доказателство за еволюцията според „оцеляването на по-способния". Всичко това не би могло да се обясни с теорията на еволюцията.

Фактът, че както хората, така и животните имат същата органична структура е достатъчно доказателство, че всичко е създадено и определено от Създателя Бог. Ако Господ не беше единствен Бог, а един от много богове, създанията щяха да имат различен брой органи, различна форма на тялото и анатомия.

Освен това, ако разгледате отблизо природата и вселената, ще намерите още повече доказателства за сътворението. Колко прекрасно е да се знае, че всички неща в слънчевата система като въртенето на земята, функционират безпогрешно!

Погледнете часовника на китката ви. В него има множество сложни части. Той няма да функционира дори и да липсва една изключително малка част. По този начин вселената е създадена така, че да функционира според Божието провидение.

Например, нито хората, нито никое друго живо същество не може да съществува без луната, която се върти около земята. Луната не би могла да се намира по-далече или по-близо до земята, отколкото е сега. Бог я е разположил на подходящо място, за да могат хората да живеят на земята.

Гравитационното привличане, което луната оказва върху земята, е причина за океанските приливи и отливи. Тези приливи предизвикват вълнението и пречистването на океаните. По същия начин, всички неща във вселената са създадени да се движат точно според Божието провидение.

Защо някои хора не вярват в Създателя Бог?

Някои хора вярват в Създателя Бог и живеят според словото Му. Защо хората, които могат да разсъждават и търсят отговори на всички въпроси в науката, не вярват в Създателя Бог?

Ако предани християни са ви научили от деца, че Бог е жив и всемогъщ създател на всичко, няма да бъде трудно да вярвате в Създателя Бог.

Въпреки това, много от вас са повлияни от еволюционизма от своето юношество и има толкова много „знания", които не са непременно истина. Вие също така общувате с онези, които не вярват в Бога или се съмняват в Него.

След като сте живели в такава обстановка, ако идете в църква и чуете Божието слово, вие често изпитвате съмнение и колебание и не можете да повярвате в Създателя Бог, защото предишните ви познания противоречат на чутото и видяното в църквата.

Докато не се освободите от мислите или знанията, които сте научили на този свят, дори и да ходите често на църква, вие не може да имате духовна вяра – вяра, създадена от Бога - която не подлежи на съмнение.

Без духовна вяра не може да вярвате в небесното царство или в ада. Вие считате видимия свят за единствен свят и живеете, както искате.

Колко пъти сте виждали различни теории, приети и признати на времето си, след това да бъдат опровергани или заменени с нови? Макар и случаят да не е такъв, вярно е, че традиционни теории и твърдения непрекъснато се преработват или допълват с нови факти.

С течение на времето и с напредъка на науката, хората представят по-добри обяснения и теории, дори и да не са съвършени. Не бих могъл да кажа, че изследванията на много учени са погрешни.

Все още хората не са способни да обяснят много неща на земята и трябва да признаете този факт.

Например, когато говорим за вселената, никога не сте били на другия край на вселената, нито сте се завръщали в древното минало. Въпреки това, хората се опитват да обяснят вселената като съставят различни теории и хипотези.

Преди човек да стъпи на луната, предполагахме: „Сигурни там има живи организми или се намират някъде другаде в слънчевата система". При все това, след посещението на човек на луната, ние обявихме: „На луната няма живот". В днешно време учените казват: „Може би има живот на Марс" или „На Червената планета има следи от вода".

Дори и да сте изследвали дълго време и да сте увеличили знанията си, ако не познавате волята, провидението и силата на Създателя Бог, вие ще срещнете ограниченията на човешките способности.

Ето защо Римляни 1:20 гласи: *„Понеже от създаването на света това, което е невидимо у Него, вечната Му сила и божественост, се вижда ясно, разбираемо чрез творенията; така че човеците остават без извинение."*

Всеки, който открие сърцето си и медитира, може да почувства Божията сила и Неговата божествена природа чрез творения като слънцето, луната и звездите – обекти, чрез които Бог позволява да разберете опита Му и да Му вярвате.

Аз съм Оня, който съм

Когато чуят за Създателя Бог, много хора могат да се зачудят: „Как е съществувал отначало?" „Откъде е дошъл?" или „Как е изглеждал?"

Човешкото познание и мислене не може да надвиши определена граница, което означава, че всичко има начало и край. Следователно, ние изискваме ясни отговори на тези въпроси. Въпреки това, Бог съществува отвъд човешкото разбиране и Той е този, който е „Бил", „Е" и „Ще бъде".

Изход 3 изобразява сцена, в която Бог заповядва на Моисей да поведе израилтяните към земята на ханаанците. Моисей от своя страна попитал Бога как трябвало да отговори на израилтяните ако го питат за Божието име.

В този момент, Бог казал на Моисей: *„Аз съм Оня, който съм"* и му заповядал да каже на израилтяните: *„Онзи, Който съм, ме изпрати при вас"* (Изход 3:14).

„Аз съм" е фразата, която Бог използвал за Себе Си и означава, че никой не Го е родил или създал, а Той е съвършено създание, Самият Създател.

Бог бил светлина с глас в началото

Йоан 1:1 гласи: *„В началото беше Словото и Словото беше у Бога и Словото беше Бог"*. По този начин Бог, който бил Словото в началото, съществувал съвършено сам без да бъде създаден. Как и къде съществувал?

Бог е дух и Той бил под формата на Слово в четвъртото измерение - духовното царство, а не третото измерение, което е видимо. Бог не съществувал в никаква форма, а като дълбока и красива светлина с чист и ясен глас и Той управлявал вселената.

Така, 1 Йоаново 1:5 гласи: *„И известието, което чухме от Него и известяваме на вас, е това, че Бог е светлина и в Него няма никаква тъмнина."* Известието има духовно значение и характеризира Бога, който бил светлината в началото.

В началото Бог съществувал като светлина с глас в нея. Гласът му е чист, сладък и нежен и се чува в цялата вселена. Онези, които са чули някога лично гласа на Бога, могат да разберат това.

Бог бил сам преди началото на времената

Създателят Бог съществувал преди началото на времената, планирал да култивира Своите истински духовни деца и започнал да го прави. Следователно, ако разберете напълно Бога, трябва да промените вашия начин на мислене, вашите теории и стереотипи и по-нататък да приемете делото на творението, осигурено от Бога.

За разлика от нещата, сътворени от Бога, нещата, направени от човека, имат ограничения и недостатъци.

С непрекъснатото развитие на познанието и човешката цивилизация, излизат по-качествени продукти, но те все още не са съвършени.

Някои хора правят идоли от злато, сребро, бронз и метал и ги наричат богове, на които се кланят и се молят за благословии. Те са просто дървени, метални или каменни образи, които не могат да дишат, да говорят или да мигат с очи (Авакум 2:18-19).

Макар и да претендират, че са разумни, хората не могат да отличат истината от лъжата, вместо това създават образи, наричат ги богове и ги почитат (Римляни 1:22-25). Колко неразумно и позорно е това?

Следователно, ако хората възхвалявали и служили на безполезни богове, защото не познавали Бога, те трябвало напълно да се покаят за това, да почитат Бога и да изпълняват задълженията си като Негови деца.

Бог е всезнаещ и всемогъщ

Създателят Бог, който създал цялата вселена, е съвършено създание, който съществувал преди началото на времената и Той е всезнаещ и всемогъщ. В Библията са записани многобройни чудеса и знамения, които не биха могли да бъдат изпълнени чрез познанието и силата на човека.

Тези могъщи дела на всезнаещия и всемогъщ Бог, който е същият вчера и днес, се случили по времето на

Новия и Стария завет чрез мнозина хора на Бога, които притежавали силата Му.

Това е защото, както казал Исус в Йоан 4:48: *„Ако не видите знамения и чудеса – никак няма да повярвате”*, хората не вярват докато не видят делата на всемогъщия Бог.

Бог показва прекрасни чудеса и знамения

Изход представя подробно как всезнаещият и всемогъщ Бог изпълнява чудеса и знамения чрез Моисей, който извел израилтяните от Египет към земята на ханаанците.

Например, когато Бог изпратил Моисей при Фараона, царя на Египет, Той докарал десет чуми върху него и нацията му, накарал израилтяните да вървят върху суха земя като оттеглил водите на Червено море и удавил египетската войска като върнал водите върху нея.

Дори и след Изход, водата бликнала от канарата, когато Моисей ударил с жезъла си, солената вода станала сладка и от небето паднал хляб, за да могат милиони хора да се нахранят.

По-късно в Стария завет, Бог дал на Илия силата да предскаже три години и половина суша, да предизвика дъждове чрез молитва и да съживи мъртвите.

В Новия завет виждаме Исус, Божият Син, да съживява Лазар, който бил мъртъв от четири дни, да отваря очите на слепите и да лекува много хора, страдащи от различни болести, недъзи и лоши духове. Той вървял по водата и успокоявал вятъра и вълните.

Бог изпълнил изключителни чудеса чрез ръцете на Павел. Когато носили кърпички или престилки от тялото му на болните, болестите изчезвали и лошите духове ги напускали (Деяния 19:11-12). Многобройни знамения следвали Петър, който бил един от най-добрите ученици на Исус. Хората извели болните на улиците, поставили ги на легла и носилки, за да може поне сянката на Петър да ги покрие, когато минава покрай тях (Деяния 5:15).

Освен това, Бог изпълнил чудеса и показал знамения чрез Стефан и Филип в Библията и продължава да ги представя чрез нашата църква дори и днес.

Много нелечими болести като рак, туберкулоза, левкемия и СПИН бяха излекувани. Мъртвите бяха съживени, а куците се изправиха, проходиха и затичаха.

По-нататък, Бог представя изключителни чудеса и знамения и забележителни неща: много болни хора са излекувани и много сърдечни желания са изпълнени чрез молитвата по телефона и кърпички, над които съм се молил.

Следователно всеки, който вярва във всемогъщия Бог и се моли според волята Му може да получи отговор на всичко, което желае с молитвата си.

Бог е авторът на Библията

Бог е дух и затова е невидим, но Той винаги представя Себе Си по много начини. Бог обикновено разкрива Себе Си чрез природата и особено чрез разказите на хора, които са излекувани и получили отговори от Него. Също така се разкрива подробно в Библията.

С Библията може да опознаете истинския Бог, да Го срещнете, да бъдете спасени и да получите вечен живот с Божието дело. В допълнение, може да имате успешен живот и да възхвалявате Бога като разберете сърцето Му, като живеете праведно и като Ви обича (2 Тимотей 3:15-17).

Светото писание е с Божия дух

2 Петрово 1:21 гласи: *„защото никога не е идвало пророчество по човешка воля, а светите човеци са говорили от Бога, движени от Светия Дух."* и 2 Тимотей 3:16 гласи: *„Цялото Писание е боговдъхновено."* Това означава, че Библията от Битие до Откровение е Божието слово, написано единствено по Негова воля.

Ето защо има множество фрази като „Бог казва", „Господ казва", „Господ Бог казва". Това потвърждава, че Библията не е написана от човека, а от Бога.

Библията е съставена от 66 книги – 39 книги на

Стария завет и 27 книги на Новия завет. Броят на писателите е изчислен на 34. Периодът за написването на Библията се простира от 1500 г. преди Христа и 100 г. след Христа за около 1600 години. Чудното е, че макар и написана от толкова много различни автори, Библията като цяло е последователна от начало до край и всеки стих съответства на другите стихове.

Исая 34:16 гласи: *„Потърсете в книгата Господня и прочетете; никое от тях няма да липсва, нито ще бъде без другарката си; защото Господ казва: Моите уста заповядаха това; и самият Негов Дух ги събра."*

Това е станало така, защото Бог е истинският автор на Библията, защото Светият дух водил сърцата на писателите и събрал заедно думите. Това, което трябва да запомните е, че авторите на Библията са писали вместо Бога и Той е истинският автор на Библията.

Нека разгледаме един пример. Представете си една възрастна майка, която живее на село и изпраща писмо на своя по-малък син, който учи в града. Тя е неграмотна и диктува писмото на своя по-голям син. Когато по-малкият син в града получи писмото, той ще помисли, че го е написала майка му, а не по-големият му брат въпреки че той го е направил. Също е и с Библията.

Любовното писмо на Бога е изпълнено с благословии и обещания

Библията била написана от духовно вдъхновени Божи служители, за да разкрият Самия Него. Трябва да повярвате, че това е словото на предания Бог, който разкрива Себе Си.

Божието слово е дух и живот (Йоан 6:63), затова всеки, който го чуе и го вярва, ще получи вечен живот и душата му ще получи изобилие. Всеки, който вярва и спазва Божието слово, ще се радва на успешен живот и ще бъде съвършен човек на Бога, следвайки Исус Христос.

Бог дошъл на земята от плът, за да покаже Себе Си на човечеството и човекът от плът бил Христос. Филип, ученик на Исус, не знаел това и поискал Исус да му покаже Бога. Той не успял да разбере, че Христос бил въплътен Бог.

Йоан 14:8 и следните стихове представят диалога между Филип и Исус:

Филип Му каза: Господи, покажи ни Отца и това ни е достатъчно. Исус му каза: Толкова време съм с вас и не си ли Ме познал, Филипе? Който е видял Мене, видял е Отца. Как така казваш: Покажи ми Отца? Не вярваш ли, че Аз съм в Отца и че Отец е в Мене? Думите, които

Аз ви казвам, не ги говоря от Себе Си; но Отец, който пребъдва в Мене, върши Своите дела. (Йоан 14:8-10).

Въпреки че Исус представил убедителни доказателства, че Той и Бог са едно, изпълнявайки чудеса, невъзможни без Божията сила, Филип искал Христос да му покаже Бащата. Исус му казал да вярва в думите Му чрез чудесата, които му е представил.

Бог дошъл на тази земя като човек от плът, за да разкрие Себе Си и Бог написал Библията, защото хората обикновено не можели да Го видят с очите си.

Ето защо, може да бъдете благословени и да получите отговорите, обещани от Бога в Библията, когато сте близки с живия Бог чрез светото писание, познавате волята и провидението Му и спазвате словото Му.

Всяка дума в Библията е вярна

Историческите архиви дават информация за хората или събитията в определен момент от миналото. Историята е дневник за промените във времето и ви позволява да научите с подробности за определени неща, хора или условия на живот в миналото.

Историята на човечеството е доказала, че Библията е истина. Може да видите, че Библията представя историята и е реалистична, особено когато четете внимателно за събитията, хората, местата или традициите, записани в нея.

Тъй като Старият завет наистина е предаден на основата на обективни факти като важна или обичайна информация за лица и народи от времето на Адам и Ева, израилтяните считат Стария завет за свещен исторически документ за нацията им до днешен ден. Много историци признават Библията като надежден източник.

Историята доказва истинността на Библията

Най-напред, въз основа на Библията, бих искал да споделя с вас историята на Израел и да ви докажа, че Божието слово в Библията е вярно.

Адам – праотецът на хората, съгрешил пред Бога, затова неговите потомци поели пътя на греха и живели без да познават Бога, техния Създател. Точно тогава Бог избрал една нация, за да разкрие чрез нея волята и провидението Си.

Първо, Бог повикал Авраам, който имал най-добра вяра, пречистил го и го утвърдил като баща на вярата. Авраам бил баща на Исаак, Исаак бил баща на Яков и Бог нарекъл Яков „Израел", защото от неговите дванадесет сина произлезли дванадесет племена.

Когато Яков бил жив, Бог го преместил в Египет и му позволил да изгради нация като увеличил потомците му, за да ги поведе към земята на ханаанците.

Бог дал на Моисей Закона по време на неговия престой в пустинята, обучил израилтяните да живеят праведно и да следват Словото Му.

След като били поведени към земята на ханаанците, те успявали единствено докато живеели праведно. Когато израилтяните започнали да идолопоклонничат и да вършат грехове, силата им намаляла и станали обект на външни нашествия. Израилтяните се превърнали в пленници или в роби. Нацията се възстановила след като се покаяли. Този цикъл се повтарял многократно.

По този начин чрез историята на Израел, Бог показва на всички хора, че е жив и управлява всичко на земята.

Можете също да видите, че пророчествата в Библията са били изпълнени или са в процес на изпълнение. Например в Лука 19:43-44, Христос разказва за падането на Ерусалим:

Защото ще настанат за тебе дни, когато твоите неприятели ще издигнат валове около тебе, ще те обсадят, ще те притиснат отвред и ще те разорят, и ще избият жителите ти в теб, и няма да оставят в тебе камък върху камък; защото ти не разпозна времето, когато беше посетен.

В тези стихове Исус разказва как ще бъде разрушен Ерусалим заради нарастващите грехове на хората.

Пророчеството било изпълнено през 70 г. преди Христа, когато генерал Тит наредил на войската на Римската империя да построи укрепление срещу Ерусалим, да го заобгради и да убие много хора. Това се случило точно 40 години след пророчеството на Исус.

Исус казал в Матей 24:32: *„И научете притчата от смокинята: Когато клоните й вече омекнат и развият листа, знаете, че лятото е близо."* Смокинята тук символизира израелската нация и тази притча ни учи, че израелският народ ще бъде независим с наближаване на Второто пришествие. Историята свидетелства, че тези думи на Бога са верни. Израел се разпаднал през 70 г. след Христа и бил възстановен на 14 май, 1948 г.- 1900 години след неговото унищожение.

Пророчеството на Стария завет и неговото изпълнение в Новия завет

Свидетелствам, че думите на Бога в Библията са верни, защото пророчествата в Стария завет са изпълнени по времето на Новия завет.

Законът на Стария завет не бил съвършен начин за „получаване на истински деца". Това била само сянката на Бога. Ето защо Бог обещал идването на Месията в Стария завет. Когато настъпил часът, Той изпратил Исус Христос на този свят, за да спази обещанието Му.

Очевидно е, че Исус дошъл на земята преди около 2000 години. Западната история като цяло е разделена на две групи за раждането на Исус. „В.С." означава Преди Христа, имайки предвид историята преди раждането на Исус, докато „A.D." означава Anno Domini - „В годината на нашия Господ". Дори историята свидетелства за раждането на Исус.

Нека разгледаме първо Битие 3:15:

Ще поставя и вражда между теб и жената и между твоето потомство и нейното потомство; то ще ти нарани главата, а ти ще му нараниш петата.

Стихът предсказва, че нашият Спасител, както семето на жената, ще дойде и ще унищожи властта на смъртта. „Жената" в този стих означава Израел. Всъщност, Исус дошъл на земята като син на Йосиф, който принадлежал на племето на Юда от Израел. (Лука 1:26-32).

Исая 7:14 гласи: „*Затова сам Господ ще ви даде знамение: Ето, девица ще зачене и ще роди син, и ще го нарече Емануил.*"

Това означава, че Божият син ще бъде изпратен да изкупи греховете на хората и ще бъде зачена от Светия дух. Наистина Исус се родил от дева Мария и бил зачена от Светия дух (Матей 1:18-25).

Предричало се Исус да бъде роден в областта на Витлеем, както гласи Михей 5:2: „*Бъдещият Месия и*

Неговото царство А ти, Витлеем Ефратов, макар и да си малък, за да бъдеш между довите родове, от тебе ще излезе за Мен Един, Който ще бъде владетел в Израел, Чийто произход е от начало, от вечността."

Изпълнявайки словото, Исус бил роден във Витлеем, Юдея по време на управлението на Цар Ирод. Историята потвърждава това.

Убийството на много невинни деца от цар Ирод, когато се раждал Исус (Еремия 31:15; Матей 2:16), влизането на Исус в Ерусалим (Захария 9:9; Матей 21:1-11) и възнесението на Исус на небето (Псалми 16:10; Деяния 1:9) съответно били предсказани и изпълнени.

В допълнение, предателството на Юда Искариотски, който следвал Исус в продължение на три години (Псалми 41:9) и Го предал срещу тридесет сребърника (Захария 11:12) съответно били предсказани и изпълнени.

Ето защо може да вярвате, че казаното в Библията е истина и истинското Божие слово, особено след като видите, че са изпълнени точно всички предсказания в Стария завет.

Библейски пророчества, които още не са се сбъднали

Бог направил Исус Христос наш Спасител като

изпълнил всички пророчества от Стария завет по времето на Новия завет. Всички пророчества за Исус, историята на Израел и историята на човечеството били изпълнени с точност. Анализът на световната история показва, че всички предсказания в Библията са се сбъднали и ще се сбъднат.

Пророчествата от времето на Стария и на Новия завет предсказвали възникването и падението на световна сила, унищожението и възстановяването на Ерусалим и бъдещите дела на важни личности. Много пророчества в Библията са изпълнени и се изпълняват в момента и на хората им престои да видят Второто пришествие, Възнесението, царството на хилядолетието и съда на великия бял трон. Нашият Господ подготвя мястото ви, както е обещал (Йоан 14:2) и скоро ще ви отведе на вечно място.

Нашият свят сега страда от глад, земетресения, необичаен климат и колосални катастрофи. Не трябва да гледате на това като съвпадение, а вместо това трябва да осъзнаете, че наближава Второто пришествие (Матей 24:3-14). Ще постигнете пълно спасение ако сте будни и украсите себе си като булка.

Глава 2

Бог създава и култивира хората

- Бог създава хората
- Защо Бог развива хората?
- Бог отделя пшеницата от плявата

И Бог създаде човека по Своя образ; по Божия образ го създаде; мъж и жена ги създаде. И Бог ги благослови. И Бог им каза: Плодете се и се размножавайте, напълнете земята и я покорете, бъдете господари над морските риби, над въздушните птици и над всяко живо същество, което се движи по земята.

Битие 1:27-28

Поне един път в живота сте си задали основни въпроси за произхода, целта, смисъла и значението на живота. Опитайте се да си отговорите. Много хора опитват различни начини да намерят отговор на тези въпроси, но не успяват.

Световноизвестни мъдреци като Конфуций, Буда или Сократ също са търсили отговор на тези въпроси. Конфуций се съсредоточил върху морала и добродетелите като идеал и имал много последователи. Буда се покайвал дълго време, за да се спаси от светското съществуване. Сократ търсил истината по собствен начин и се стремял към истинско знание.

Въпреки това, никой от тях не успял да намери цялостен, постоянен отговор, да достигне висшата истина или да получи вечен живот. Това е защото истината, скрита преди сътворението на света е нещо духовно и неосезаемо. Не може да откриете ясни отговори за живота преди да разберете Божието провидение за развитието на човечеството.

Бог създава хората

Мистериозно е образуването на органите, клетките и тъканите в човешкото тяло. Бог, който създал хората по този начин, иска да получи истински деца с които да сподели любовта Си завинаги. За тази цел, Бог създал хората по Свое подобие, развива човечеството и го подготвя за небесата.

Как създал Бог човека и всичко друго на вселената?

Шестдневното творение на Бога

Битие 1 описва добре процеса, в който Бог създал небето и земята за шест дни. Бог казал: *„Да бъде светлина"* и станало светлина (Битие 1:3). След това казал: *„Да се събере на едно място водата, която е под небето, за да се яви сушата; и стана така."* (Битие 1:9) и така нататък.

Както пише в Евреи 11:3: *„С вяра разбираме, че световете са били създадени с Божието слово, така че видимото не стана от видими неща"*, Бог създал цялата вселена със словото Си.

Бог създал светлина на първия ден и небето на втория ден. На третия ден, когато Бог казал: *„Да се събере на едно място водата, която е под небето, за да се яви сушата"* (Битие 1:9) и станало така. Бог нарекъл сушата земя, а събраната вода морета. Тогава Бог казал: *„Да прорасне от земята крехка трева, трева семеносна и* *плодоносно дърво, което да ражда плод според вида си, чието семе да е в него на земята"* (Битие 1:11) и станало така. На четвъртия ден създал слънцето, луната и звездите в небето и оставил слънцето да свети през деня и луната през нощта. На петия ден, Той създал всички видове морски животни и птици. На шестия ден създал добитъка и всички видове диви животни.

Хората били създадени по Негов образ

Създателят Бог за шест дни подготвил средата, в която могли да живеят хората и след това създал човека по негов образ. Той благословил човека като господар на всички същества и му казал да ги покори и управлява.

И Бог създаде човека по Своя образ; по Божия образ го създаде; мъж и жена ги създаде. И Бог ги благослови. И Бог им каза: Плодете се и се размножавайте, напълнете земята и я покорете, бъдете господари над морските риби, над въздушните птици и над всяко живо същество, което се движи по земята. (Битие 1:27-28).

Как Господ създал човека?

И Господ Бог създаде човека от пръст от земята и вдъхна в ноздрите му жизнено дихание; и човекът стана жива душа. (Битие 2:7).

В този стих пръстта се отнася до глината. Сръчният грънчар използва качествена глина, за да направи скъпо струващ сивозелен или бял порцелан. От друга страна, други грънчари правят неглазирани изделия, керемиди или тухли.

Цената на тези продукти зависи основно от производителя, колко сръчно са направени, какъв вид глина е използвана и какво е изделието. Щом всемогъщият Бог е създал човека по Негов образ, колко ли красиво го е направил?

След като създал човека по Свой образ от пръст, Бог вдъхнал в ноздрите му живот, тоест жива енергия. Тогава човекът станал жив дух. Дъхът на живота е Божията сила, мощ, енергия и дух.

Бог дал живот на човека

Представете си светеща лампа, за да разберете по-лесно процеса, в който човекът станал жив дух. Ако искате една лампа да свети, трябва да купите качествена крушка и да я включите. Въпреки това, тя не може да свети ако няма ток.

Телевизорът у дома ви работи по същия начин. Не може да видите нищо на екрана докато не го включите, но след това може да гледате и да чувате различни образи и звуци. Може да видите образи на екрана само с включването на телевизора. Въпреки това, на гърба на телевизора има сложно съставени части.

По същия начин, Бог създал от пръстта не само човека, но и вътрешните му органи и кости. Той създал вените, през които течала кръвта и съвършена нервна система.

Божията сила може да превръща пръстта в нежна кожа ако и когато поиска. Така, както пускаме електрически ток, Той вдъхнал живот у човека. Кръвта започнала да се движи в него и той можел да диша и да се движи.

В допълнение, тъй като Господ създава памет в мозъчните клетки на човека, хората възприемат и запомнят чутото и видяното. Това се превръща в знание и знанието се възпроизвежда в мислене. Когато използвате знанията, натрупани през живота, вие ги наричате мъдрост.

Хората, макар и обикновени същества, увеличили своята мъдрост и знания и развили напреднала научна цивилизация. Днес те изследват вселената, създават компютри, въвеждат в тях огромна информация или я възпроизвеждат и имат огромна полза от тях подобно на Бог, който създал паметта в мозъчните клетки. Те са стигнали толкова далеч, че да направят компютри, които разпознават човешкия почерк или глас и могат да общуват с другите. Те ще се развиват още повече с течение на времето.

Колко по-лесно било за всемогъщия Бог да създаде човек от пръст и да вдъхне в ноздрите му живот! Толкова е лесно за Бога, който може да създаде нещо от нищото и толкова прекрасно и необяснимо за хората (Псалми 139:13-14).

Защо Бог развива хората?

Исус ни учи за Божието провидение чрез много притчи. Тъй като духовното царство не може да бъде разбрано с човешките знания, Той използвал земни предмети в притчите, за да Го разберете.

Много от тях са свързани с обработката на земята. Например, притчата за сеяча (Матей 13:3-23; Марко 4:3-20; Лука 8:4-15), притчата за синаповото зърно (Матей 13:31-32; Марко 4:30-32; Лука 13:18-19), притчата за житото и плевелите (Матей 13:24-30, 36-43), притчата за работниците на лозето (Матей 20:1-16), притчата за лошите земеделци (Матей 21:33-41; Марко 12:1-9; Лука 20:9-16).

Тези притчи показват, че подобно на фермерите, които подготвят почвата, посяват семената, обработват ги и прибират реколтата, Бог създава и се грижи за хората на земята и отделя пшеницата от плявата.

Бог иска да споделя истинска любов с децата Си

Бог има не само божественост, но и хуманност. Божествена е силата на всезнаещия и всемогъщ Бог, а хуманен е разумът на хората. По този начин, Бог създал и управлява над цялата вселена, човешката история и живота. Той също изпитва радост, гняв, тъга и удоволствие и иска да споделя любовта Си с Неговите деца.

На много места в Библията е посочено, че Бог има индивидуалност като хората; Бог се радва и благославя хората, когато те, създадени по Негов образ, живеят праведно, но Той съжалява и стене от гняв, когато съгрешават. Желанието на Бог да общува с децата Си и да им дава добри неща често се изразява в Божието слово.

Ако Бог притежаваше само божествени характеристики, Той нямаше да почива след шестдневното създаване на вселената и нямаше да иска да общува с нас с думите: *„Непрестанно се молете"* (1 Солунци 5:17), и *„Извикай към Мен и ще ти отговоря, и ще ти покажа велики и тайни неща, които не знаеш."* (Еремия 33:3).

Понякога искате да сте сами, но сте щастливи с подобен на вас приятел, който може да сподели любовта си с вас. По същия начин, Бог създал човека по Свой образ, защото иска да сподели любовта Си с някого. Той развива хуманен дух на тази земя, защото иска да има истински деца, които да разбират сърцето Му и да Го обичат всеотдайно.

Бог иска деца, които да Му се подчиняват доброволно

Някой може да се зачуди защо Бог създал хората и защо се грижи за тях след като има толкова много покорни ангели на небето. Повечето ангели нямат човешки качества, които са най-важни, за да споделят любов. С други думи, те нямат свободна воля да избират сами. Те спазват заповедите точно като роботи, но те не могат да изпитват радост, тъга или удоволствие като хората. Следователно, те не могат да споделят любов с Бога от сърце.

Например, да предположим, че имате две деца. Едното от тях спазва заръките ви без да изразява емоция, мнение или любов като добре програмиран робот. Другото понякога наранява чувствата ви, но скоро съжалява за действията си, доближава се до вас нежно и изразява вълненията си по много начини. Кое от двете ще обичате повече? Естествено второто.

Нека предположим, че имате робот, който готви, чисти къщата и ви сервира. При все това, вие не обичате робота повече от децата си. Независимо колко много работа върши работа и колко ви е полезен, той не може да замести децата ви.

По същия начин, Бог предпочита хората, които радостно и доброволно Му се подчиняват с чувства вместо ангели и небесни домакини, които действат като програмирани роботи. Той дава на хората свободна воля и Словото Си. После ги учи кое е добро и лошо и кой е пътят към спасението или смъртта. Той чака търпеливо докато станат истински деца.

Грижата на Бог за човечеството с бащинско отношение

В Битие 6:5-6 пише:

И като видя Господ, че нечестието на човека по земята се умножава и че всяка мисъл и наклонност беше постоянно само зло, разкая се Господ, че беше направил човека на земята, и се огорчи в сърцето Си.

Означава ли, че Бог не е знаел този факт, когато направил човека? Той е знаел за това със сигурност. Бог е всезнаещ и всемогъщ и е знаел всичко преди началото на времената. Независимо от това, Той създал хората и се грижи за тях.

Бихте разбрали това по-лесно ако сте родители. Колко трудно е да родите деца и да ги отгледате! Докато жената е бременна, тя страда девет месеца от различни мъки като гадене и повръщане. Раждането е придружено от силни болки. Родителите полагат големи усилия и работят денонощно, за да осигурят храна, облекло и образование на децата си. Когато децата не се прибират навреме вкъщи, родителите се притесняват. Когато са болни, родителите се чувстват много по-зле от тях.

Защо родителите отглеждат децата си въпреки

болката и усилията? Причината е, че родителите искат деца, с които да споделят любовта си, а именно деца, които да почувстват любовта им и те да почувстват тяхната от все сърце. За родителите дори тези усилия осигуряват щастие. Освен това, колко хубави са децата, които приличат на своите родители! Разбира се, не всички деца са предани на своите родители. Някои деца обичат и уважават родителите си, но други ги наскърбяват.

Въпреки всички усилия за отглеждане на децата, родителите не ги възприемат като страдания. Вместо това, те полагат огромни грижи, очакват децата им да пораснат добре и да бъдат тяхната радост. По същия начин, Бог знаел, че хората нямало да се подчиняват, щели да станат лоши и да Го натъжат, но знаел също, че ще има истински деца, които да споделят любовта си с Него. Така Господ създал хората и се грижи за тях с желание.

Бог иска да бъде почитан от Неговите истински деца

Бог се грижи за човешките души на земята не само за да получи истински деца, но и да бъде почитан от тях. Бог може да получи възхвала от множество ангели и небесни домакини и въпреки това, Той наистина иска да бъде почитан от Неговите истински деца от все сърце.

Бог казва в Исая 43:7: „*Всички, които се наричат с Моето име, които сътворих за славата Си; Аз създадох всеки от тях, да! Аз го направих."* И ни наставлява в 1 Коринтяни 10:31: *„И така, ядете ли, пиете ли, вършите ли нещо, всичко вършете за Божията слава."*

Бог е създателят, любовта и правосъдието. Той отдал Своя единствен Син, за да ни спаси и подготвил небето и вечния живот. Той заслужава напълно да бъде почитан. Освен това, Той иска да върне възхвалата на онези, които Го почитат.

Следователно, трябва да станете истински деца на Бога, които споделят любов с Него завинаги като разберете защо Бог иска да бъде почитан от Неговите духовно развити деца.

Бог отделя пшеницата от плявата

Фермерите обработват земята, защото искат да получат богата реколта. Бог също култивира човешките души на земята, за да получи истински деца, които не само Го обичат и Го почитат от все сърце, но също споделят завинаги любовта си с Него на небето.

Винаги има пшеница и плява при събиране на реколтата и фермерите ги отделят, събират пшеницата в своите хамбари и изгарят плявата. По същия начин, Бог ще отдели пшеницата от плявата при култивирането на човешките души:

Лопатата е в ръката Му и Той здраво ще очисти хармана Си, и ще събере житото Си в житницата, а плявата ще изгори в неугасим огън. (Матей 3:12).

Следователно, трябва да вярвате твърдо, че Бог култивира човешки души на земята и когато настъпи часът, ще събере пшеницата – истинските деца – на небето за вечен живот и ще изгори плявата с неугасимия огън на ада.

Нека разгледаме по-подробно какви хора представляват пшеницата и какви хора – плявата в очите на Бога и какви места са раят и адът.

Пшеницата и плявата

Пшеницата олицетворява хората, които приемат Исус Христос, вървят в истината и споделят любовта си с Бога. Те са деца на светлината, които възстановяват загубения образ на Бога и спазват всичките Му заповеди.

От друга страна, плявата представлява онези, които не приемат Исус Христос или онези, които претендират, че вярват, но не живеят праведно и следват своите греховни желания.

1 Тимотей 2:4 описва Бога като някой *„Който иска да се спасят всички човеци и да достигнат до познание на истината."* Тоест, Бог иска всички хора да бъдат пшеница и да отидат в небесното царство. Бог се опитва

да ви накара да разберете това по много начини и ви води по пътя към спасението. Въпреки това, някои хора накрая доброволно нарушават Божията воля и провидение. Тези хора не са по-добри от зверовете за Бога, защото нямат човешки ценности.

Фермерите изгарят плявата или я използват за наторяване, защото ако се смесят в хамбара плявата и пшеницата, пшеницата ще изгние. Следователно, Бог няма да остави плявата в небесното царство, където ще бъде пшеницата. За разлика от животните, човекът има вечна душа, защото Бог му е вдъхнал живот при неговото създаване. Затова Бог не може да унищожи плявата или да я сведе до нищо.

Неизбежно е за Бога да събере пшеницата на небето и да я остави да се радва на вечен живот и да гори плявата в неугасимия огън на ада завинаги във вечността. Ето защо, трябва да помните този факт, за да не бъдете хвърлени в огъня на ада.

Красотата на рая и ужасът на ада

От една страна, раят е прекалено красив, за да бъде сравнен с нещо на този свят. Например, цветята в този свят увяхват бързо, но цветята в рая никога не увяхват и не окапват, защото всичко в рая е вечно. Пътищата са изградени от чисто злато, ясно като стъкло, реката на живота блести като чист кристал и къщите са построени от всякакви видове скъпоценни камъни. Всичко е невъобразимо красиво (моля, вижте *Небето I и II*).

От друга страна, червеите не умират в ада и огънят не угасва. Всеки човек там ще бъде изгарян с огън (Марко 9:48-49). Освен това, в ада е езерото с вряща сяра, което е седем пъти по-горещо от огненото езеро (Откровение 20:10, 15). Не спасените хора трябва да живеят завинаги в езерото с неугасим огън или в езерото с вряща сяра. Колко ужасно и страшно е да живеете там завинаги (моля, прочетете *Ад*)!

Ето защо Исус казва в Марко 9:43: *„И ако те съблазни ръката ти, отсечи я; по-добре е за тебе да влезеш в живота недъгав, отколкото да имаш двете си ръце и да отидеш в пъкъла, в неугасимия огън"*. Защо трябва Богът на любовта да направи едновременно ужасния ад и красивия рай? Ако на грешниците е позволено да отидат там, където живеят праведните и обичани от Бога души, ще бъде мъчително за добрите души и раят ще се изпълни с грях. Накратко, Бог сътворил ада, защото обича хората и иска да даде най-доброто на децата Си.

Съдът на големия бял трон

Така, както фермерът посява семената и събира реколтата всяка година, Бог култивира човешките души, откакто Адам е изгонен от Рая и ще прави това докато Христос дойде отново.

Бог показал волята Си на праотците на вярата като

Ной, Авраам, Моисей, Йоан Баптист, Петър и апостол Павел. Днес Той непрекъснато култивира човешки души чрез Неговите свещеници и служители. Въпреки това, така, както всичко достига своя край, култивирането на човешките души няма да продължава вечно.

2 Петрово 3:8 гласи: *„Още и това нещо да не забравяте, възлюбени, че за Господа един ден е като хиляда години и хиляда години - като един ден."* Така, както Бог спрял да почине на седмия ден след шестдневното създаване на вселената, пришествието на Исус и Новото Хилядолетие, периодът на Светия ден ще дойде след шест хиляди години от неподчинението на Адам. След това, чрез съда на великия бял трон, Бог ще позволи на пшеницата да отиде в рая и ще захвърли плявата в ада.

Ето защо аз се моля в името на Господ Исус Христос да разберете добре Божията любов и Божието провидение за култивирането на хората, да водите благословен живот и да почитате Бога със страстна надежда за рая.

Глава 3

Дървото на познанието на доброто и злото

- Адам и Ева в Едемската градина
- Адам доброволно избрал неподчинението
- Заплатата на греха е смърт
- Защо Бог посадил дървото на познанието на доброто и злото в Едемската градина?

И Господ Бог взе човека и го засели в Едемската градина, за да я обработва и да я пази. Господ Бог заповяда на човека: От всяко дърво в градината свободно да ядеш, но да не ядеш от дървото за познаване на доброто и злото, защото в деня, когато ядеш от него, непременно ще умреш.

Битие 2:15-17

Онези, които не познават великата любов на Създателя Бог и Неговото провидение за отглеждане на истински деца, могат да попитат: „Защо Бог посадил в Едемската градина дървото на познанието на доброто и злото?" „Защо позволил на първия човек да тръгне по пътя на разрушението?" Те мислят, че хората нямало да умират и щели да се радват на вечен щастлив живот в Едемската градина само ако Бог не беше посадил там дървото.

Някои от тях дори казват нещо подобно: „Бог не е могъл да знае предварително, че Адам щял да опита от плода на дървото на познанието", защото не вярват, че Бог е всезнаещ и всемогъщ. Посадил ли е дървото в Едемската градина непредвидливо без да очаква неподчинението на Адам? Или Бог посадил там дървото нарочно и повел хората по пътя на смъртта? Разбира се, че не!

Защо тогава Бог посадил дървото на познанието на доброто и злото по средата на Едемската градина? Защо Адам не се подчинил на Божията заповед и тръгнал по пътя на смъртта?

Адам и Ева в Едемската градина

Бог създал човека от пръстта на земята и вдъхнал в ноздрите му живот и човекът станал живо същество (Битие 2:7). Живото същество е духовно същество, което не притежава никакви знания кога е създадено за първи път. Нека разгледаме един прост пример. Новороденото бебе не притежава мъдрост или познания. Бебето притежава памет, но никога нищо не е виждало, чувало или научило. Затова бебето може да действа само по инстинкт.

По същия начин, Адам не притежавал духовна мъдрост или познание, когато станал за първи път живо същество.

Адам научил знанието за живота от Бога

Бог направил градина на изток от рая и създал Адам там. Бог дал на Адам знание за живота и истината, придружавайки го, за да можел Адам да контролира и да ръководи Едемската градина.

Битие 2:19 гласи: *„И Господ Бог създаде от земята всички полски зверове и всички въздушни птици; и ги заведе при човека, за да види как ще ги нарече; и с каквото име човекът назовеше всяко одушевено същество, това име му остана."* Адам имал достатъчно знания за живота, за да управлява всички неща.

Също така, за Бог не било добре Адам да бъде сам.

Ето защо, Бог го накарал да заспи дълбоко, за да му осигури подходящ партньор. Бог взел едно ребро на Адам и запълнил местото с плът докато спял. Тогава създал жена от реброто. Взел от мъжа и дал на мъжа. Бог събрал заедно мъжа и жената и те станали едно тяло (Битие 2:20-22).

Това не станало, защото Адам се чувствал самотен, а защото Бог дълго време бил сам преди началото на времената и знаел какво представлява самотата. Голямата любов и милосърдие на Бога Го накарали да му създаде компания и Той, познавайки предварително положението на Адам, благословил мъжа и съпругата му да бъдат плодовити, благодатни и да населят земята.

Дългият живот на Адам в Едемската градина

Колко дълго живели Адам и Ева в Едемската градина? Библията не дава много информация за това, но трябва да знаете, че са живели там много по-дълго, отколкото считат хората.

Библията споменава тези факти само в няколко стиха. Ето защо много хора мислят, че Адам опитал забранения плод и бил унищожен малко след като Бог го оставил в Едемската градина. Някои хора задават въпроса: „Библията твърди, че историята на човечеството продължава шест хиляди години, но как ще обясните, че повечето фосили датират отпреди няколкостотин хиляди години?"

Историята на човешкото развитие според Библията е около 6000 години, започвайки от времето, когато Адам и Ева били изгонени от рая. Не е включен дългият период, в който те живеят там. С течение на вековете, имало големи геоложки и географски промени в земната кора и на земята имало няколко цикъла на възпроизводство и унищожение. Както беше обяснено в Глава 1, много фосили свидетелстват за това.

Така, както Бог благословил Адам и Ева в Битие 1:28, първият човек Адам, преди да бъде прокълнат, дълго време вървял с Бога и създал много деца в Едемската градина. Като господар на всички неща, Адам покорил и управлявал земята, както и Едемската градина.

Адам доброволно избрал неподчинението

Бог дал на Адам и Ева свободна воля и им позволил да се радват на радост и изобилие в Едемската градина. Въпреки това, имало едно нещо, което им забранил. Бог им заповядал да не ядат от плода на дървото на познанието на доброто и злото.

Ако Адам беше разбрал сърцето на Бога и Го обичаше истински, той нямаше да опита от забранения плод, защото е знаел Божията забрана. Въпреки това, той не спазил тази изрична заповед, защото не обичал Бог истински.

Бог посадил дървото на познанието на доброто и

злото в Едемската градина и установил строги закони между Него и хората. Той позволил на човека да спази волята Му доброволно, защото искал да спечели истински деца, които да са покорни от все сърце.

Адам пренебрегнал Божието слово

В Библията Бог често обещава благословии на онези, които спазват заповедите Му и слушат Словото (Второзаконие 15:4-6, 28:1-14). Въпреки това, кой спазва всички Негови заповеди? Дори и в Библията се признава, че едва малцина в света могат да ги спазят.

Бог трябва да е казал на първия човек Адам, че би се радвал на вечен живот и благословии ако се подчинява, но ще достигне вечна смърт ако не Го слуша. Бог го предупредил да не опитва от плодовете на дървото на познанието.

Въпреки това, Адам и Ева пренебрегнали Неговата заръка и яли от забранения плод. Сатаната още от началото се опитал да развали Божия план за възпитание на истински духовни деца. Накрая, Сатаната успял да ги изкуши да опитат от плода чрез змията, която била най-хитра от всички диви животни (Битие 3:1). Адам и Ева не се подчинили на Божията заповед. Защо Адам не спазил Божията заръка въпреки че бил жива душа и познавал единствено истината от Бога?

В Битие 2:15 откриваме, че Бог създал Адам, за да управлява и да се грижи за Едемската градина. Адам получил силата и властта от Бога да я пази и ръководи. Бог го оставил да я охранява, за да не влезе в нея Сатаната. Въпреки това, Сатаната успял да манипулира змията и изкушил Адам и Ева чрез нея. Как станало възможно това?

Сатаната е лош дух, който контролира въздушното царство. Той няма форма. В Ефесяни 2:2, Сатаната е представен като принц на въздушните сили и на непокорните души.

Тъй като Сатаната наподобява радиовълните във въздуха, той успял да накара змията да изкуши Адам и Ева. Битие 1 повтаря няколко пъти една фраза. В края на всеки ден от творението, в Библията се повтаря: „И Бог видя, че беше добро". Тази фраза не се споменава на втория ден.

Ефесяни 2:2 говори отново за времената „в които сте ходили някога според вървежа на този свят, по княза на въздушната власт, на духа, който сега действа в синовете на непокорството". Бог е знаел, че злите сили ще завладеят въздушното царство.

Ева била изкушена от змията

Змията е едно полско животно. Как е успяла да изкуши Ева да не се подчини на Бога?

В Едемската градина хората са могли да общуват с всички живи твари като цветя, дървета, птици, животни и т.н. Ева била способна също да общува със змията. В началото хората обичали змиите и се разбирали с тях, за разлика от днешно време. Те били толкова гладки, чисти, заоблени и умни, че Ева ги предпочитала. Те добре я познавали и й харесвали. Същото е с кучетата, които са обичани от стопаните си, защото са по-умни и се привързват повече от други животни.

Въпреки това, много хора казват: „Змиите са ужасни, отровни и отвратителни". Те не харесват змиите почти инстинктивно, защото змиите са измамили първите хора Адам и Ева да не се подчинят на забраната и ги повели по пътя към смъртта. За да разберете характера на змията, трябва да знаете каква е била отначало. Всяка почва има различни съставки, които се намират в различно съотношение. Според това какви елементи се добавят в почвата, почвата може да бъде повече или по-малко плодоносна. Когато Бог създал всички видове животни на полето и всички видове птици в небето, Той избрал почвата да бъде подходяща за всяко животно (Битие 2:19).

Бог отначало не бил създал умна змията. Бог я направил достатъчно мъдра, за да я обичат хората. Въпреки това, змията захитряла след разваляне на характера й. Ако змията не беше чула гласа на Сатаната и беше изпълнявала Божията воля, тя щеше да остане умно и добро животно. Тъй като чула и се подчинила на гласа на Сатаната, змията станала хитра и заблудила Ева по пътя към смъртта.

Защото Ева променила Божието слово

Змията знаела какво казал Бог на Адам:

Господ Бог заповяда на човека: От всяко дърво в градината свободно да ядеш, но да не ядеш от дървото за познаване на доброто и злото, защото в деня, когато ядеш от него, непременно ще умреш. (Битие 2:16-17).

Тя попитала хитро Ева: „Наистина ли е казал Бог да не ядете от дървото на познанието?"
Как отговорила Ева на змията?

От плода на градинските дървета можем да ядем, но от плода на дървото, което е сред градината, Бог каза: Да не ядете от него, нито да се допрете до него, за да не умрете. (Битие 3:2-3).

Бог предупредил ясно Адам: „но да не ядеш от дървото за познаване на доброто и злото, защото в деня, когато ядеш от него, непременно ще умреш." (Битие 2:17). Той подчертал, че никога нямало да останат живи ако ядат от плода на дървото. Въпреки това, отговорът на Ева не бил толкова очевиден. Тя отговорила: „Ще умреш." Тя пропуснала думата „непременно". С други думи, имала предвид: „Ако ядеш от забранения плод, може да умреш, но може и да не умреш."

Ева не приела Божията заповед и се усъмнила в Божиите думи. След като змията чула нейния колеблив отговор, тя се втурнала да я изкуши повече. Тя дори изопачила Божията заповед и казала на жената: *„Със сигурност няма да умреш"*. Тя променила заповедта на Бога и окуражила жената: *„но Бог знае, че в деня, когато ядете от него, ще ви се отворят очите и ще бъдете като Бога, да познавате доброто и злото."* (Битие 3:5). Змията отново я изкушила, подбуждайки повече любопитството й.

Ева доброволно не се подчинила

След като Сатаната събудил греховни желания у жената чрез неправедни мисли, дървото вече не й изглеждало същото като преди. Битие 3:6 гласи: *„И като видя жената, че дървото беше добро за храна и че беше приятно за очите, дърво желано, за да дава знание, взе от плода му и яде, даде и на мъжа си да яде с нея и яде и той."* Тя трябвало да отхвърли изкушението на змията рязко и категорично. Греховните желания, похотта в погледа й и гордостта я обсебили и я подбудили към неподчинението.

Някой ще каже: „Не са ли опитали Адам и Ева от плодовете на дървото, защото вече са притежавали ,греховни качества'?" Те не са имали греховна природа, а само праведност преди да престъпят забраната. Те притежавали единствено свободна воля, с която могли да опитат или не от забранения плод.

С течение на времето, те пренебрегнали Божията заповед. Сатаната ги изкушил чрез змията и се поддали на измамата. По този начин, грехът дошъл в тях и те нарушили установения ред от Бога.

Подобен е случаят с децата, които растат в грях. Дори детето, което върши и говори лоши неща, не е толкова лошо по рождение. Отначало то подражава на други деца, които говорят неприлични думи, без да знае значението им. Може да се присъедини към друго момче, което удря някого и да се радва, когато бие другите и те плачат. По този начин той бие децата непрекъснато и грехът расте в него.

По същия начин, Адам нямал греховна природа от самото начало. Когато не се подчинил на Божията заповед и опитал доброволно от плода на дървото, тогава се породил грехът и се установил в него.

Заплатата на греха е смърт

Така, както Бог казал на Адам: „да не ядеш от дървото за познаване на доброто и злото, защото в деня, когато ядеш от него, непременно ще умреш", Адам и Ева със сигурност умрели след като опитали от плода на дървото. Яков 1:15 гласи: „ *и тогава страстта зачева и ражда грях, а грехът, като се развие напълно, ражда смърт.”*

Римляни 6:23 учи за закона на духовното царство и за резултата от греха. „Защото заплатата на греха е смърт”. Нека разгледаме как смъртта е дошла при Адам и Ева заради неподчинението им.

Смърт на душите им

Бог ясно казал на Адам: „*От всяко дърво в градината свободно да ядеш, но да не ядеш от дървото за познаване на доброто и злото, защото в деня, когато ядеш от него, непременно ще умреш.”* (Битие 2:16-17).

Въпреки това, те не умрели веднага след своето неподчинение. Те живели много дълго и им се родили много деца. За каква „смърт” тогава говорил Бог?

Той нямал предвид телесна смърт, а смъртта на душите им. Хората са родени с дух, който да общува с Бога, с душа, която служи на духа и тяло, в което обитават духът и душата. 1 Солунци 5:23 казва, че хората са съставени от дух, душа и тяло. Когато Адам и Ева не се подчинили на заповедта на Бога, умрели техните духове, които ги управлявали като хора.

Бог е безгрешен, чист и Свят, обитаващ недостижима светлина и грешниците не могат да бъдат с Него. Адам могъл да общува с Бога, когато бил жив дух, но вече не бил в състояние да общува с Него след като духът му умрял в грях.

Началото на мъчителен живот

Едемската градина била благодатно и красиво място, където нямало тревога и притеснение и Адам и Ева могли да живеят там вечно, хранейки се от дървото на живота. Но те съгрешили и били изгонени. От този момент започнали бедите и трудностите. Жената започнала да изпитва повече болка при раждането. Тя желаела съпруга си и той я управлявал. Едва след обработката на прокълнатата почва с тежки и трудни уреди, той можел да се храни от нея до края на живота си (Битие 3:16-17).

Бог казва на Адам в Битие 3:18-19:

> *Тръни и бодили ще ти ражда; и ти ще ядеш полската трева. С пот на лицето си ще ядеш хляб, докато се върнеш в земята, защото от нея си взет; понеже си пръст и в пръстта ще се върнеш.*

С тези стихове Бог иска да каже, че хората ще се превърнат отново в шепа пръст.

Защото Адам, праотецът на човечеството, извършил греха на неподчинението и духът му умрял, всичките му потомци се раждат грешници и поемат пътя на смъртта.

Римляни 5:12 представя наследството на Адам:

„Затова, както чрез един човек грехът влезе в света и чрез греха смъртта, и по този начин смъртта мина във всички човеци, понеже всички съгрешиха".

Всички хора се раждат с първоначалния грях

Бог позволява на хората да бъдат плодовити и да се размножават чрез семето на живота, което им дава. Хората са заченати от съюза на семето на мъжа и яйцеклетката на жената, които Бог им дава като семена на живота. Тъй като семето или яйцеклетката имат характеристиките на родителите, бебето, родено от съюза им, наподобява облика им, характера, вкусовете, навиците, желанията, походката и т.н.

По този начин, греховната природа на Адам се предава на поколенията му, защото той – праотецът на всички хора - съгрешил. Нарича се „първороден грях". Потомците на Адам са родени с първородния грях. Ето защо всички хора неизбежно са грешници.

Някои невярващи се оплакват: „Защо и как ще съм грешник? Не съм извършил грях." Други ще попитат: „Как може грехът на Адам да се предава на мен?"

Да вземем един пример с дете. Една майка има дете, което не е навършило една годинка. Тя кърми друго дете пред очите на своето. Много е вероятно бебето да ревнува и да иска да измести другото. Ако майката не престане да кърми другото бебе или бебето не престане да суче гърдата й, нейното бебе може да удари или да избута майка си или другото бебе. Ако майката продължи да кърми сукалчето, нейното бебе ще започне да плаче.

Въпреки че никой не е учил малкото бебе да изпитва ревност, завист, омраза, алчност или възмущение, бебето изпитва всички това от своето раждане. Този факт обяснява, че хората се раждат с първородния грях, наследен от родителите.

Колко повече грехове върши човек сам през своя живот? Трябва да разберете, че не само греховните действия, но и греховните помисли са грях според Бога, който е светлина. Бяг забелязва и вижда греха в ума като омраза, алчност, осъждане и много други.

Ето защо Библията казва, че нито едно създание няма да се оправдае пред Него чрез дела, изисквани от закона, понеже чрез закона става само познаването на греха, защото всички са съгрешили и не заслужават да се прославят от Бога (Римляни 3:20, 23).

Прокълнати са не само хората, а всички неща

Когато Адам, който бил господар на всичко, съгрешил и бил прокълнат, заедно с него били прокълнати земята и добитъка, всички животни и птици. От тогава се появили вредни и отровни насекоми като мухи и комари, които пренасят всякакви болести.

Земята започнала да ражда тръни и бодли и хората можели да пожънат добра реколта едва след мъчителна работа и с пот на челото. Хората били принудени да преглъщат сълзи, тъга, болка, болести, смърт и други, защото били прокълнати на земята.

Римляни 8:20-22 гласи:

Понеже творението беше подчинено на немощ не по своя воля, а чрез Този, Който го подчини, с надежда, че и самото творение ще се освободи от робството на тлението и ще премине в славната свобода на Божиите деца. Понеже знаем, че цялото творение в съвкупност стене и се мъчи досега.

Как тогава била прокълната змията? В Битие 3:14 Бог казал на хитрата змия, която изкушила хората да съгрешат: *„Тогава Господ Бог каза на змията: Понеже си сторила това, проклета да си между всеки вид добитък и между всички полски зверове; по корема си ще се влачиш и пръст ще ядеш през всички дни на живота си."* Въпреки това, змиите не се хранят с пръст, а с живи твари като птици, жаби, мишки и насекоми. Бог казал ясно: *„ И пръст ще ядеш през всички дни на живота си."* Как трябва да тълкувате този стих?

„Пръстта" в този случай символизира *„хората, които са направени от пръстта на земята"* (Битие 2:7) и „змията" означава врага дявол и Сатаната (Откровение 20:2). „Пръст ще ядеш през всички дни на живота си" означава, че Сатаната и дяволът ще погълнат хората, които не живеят праведно, а вървят в тъмнината.

Дори и децата на Бога срещат затруднения и беди, причинени от Сатаната и дявола ако съгрешат против Божията воля. В днешно време Сатаната и дяволът обикалят като ревящи лъвове, дебнейки кого да погълнат (1 Петрово 5:8). Ако намерят някого, ще го поробят с проклятието на греха и ще го поведат по пътя на унищожението. При възможност, те се опитват да изкушат дори и децата на Бога.

Сатаната и дяволът изкушават онези, които казват: „Вярвам в Бог", но не са сигурни в Божието слово и ги насочват по пътя на смъртта. Обикновено Сатаната и Дяволът се опитват да ви изкушат чрез вашите близки – съпруга, приятел или роднина – така, както са изкушили Ева чрез змията, едно от любимите ѝ животни.

Например, вашата половинка или приятел може да ви попита: „Не ти ли стига вече да посещаваш неделната служба? Трябва ли да присъстваш също на неделната вечерна служба?" или „Правиш ли всичко възможно да ходиш на събранията всеки ден?" „Бог забелязва и знае най-съкровените помисли, защото е всемогъщ и всезнаещ. Трябва ли непременно да викаш в молитвата?"

Бог е заповядал да помним съботния ден, за да го освещаваме (Изход 20:8), да се опитваме да се събираме заедно в името на Господ (Евреи 10:25) и да викаме докато се молим (Еремия 33:3). Сатаната не може да изкуши нито да вкара в грях онзи, който живее изцяло според Божието слово (Матей 7:24-25).

Както се казва в Ефесяни 6:11: *„ Облечете се в Божието всеоръжие, за да можете да устоите срещу хитростите на дявола "*, трябва да се въоръжите със словото на истината и смело да изгоните врага дявол и Сатаната с вяра.

Защо Бог посадил дървото на познанието на доброто и злото в Едемската градина?

Бог посадил дървото на познанието на доброто и злото в Едемската градина не за да поведе хората към унищожението, а за да им даде истинско щастие. Не разбирайки Неговия дълбок замисъл, много хора тълкуват погрешно любовта и правосъдието Му и не вярват в Бога. Те водят безсъдържателен или безсмислен живот без да намират в него истинска цел.

Защо тогава Бог посадил дървото на познанието на доброто и злото в Едемската градина и защо ви носи това големи благословии?

Адам и Ева не познавали истинското щастие

Едемската градина била невъобразимо красива и благодатна. Бог направил всякакви дървета, които да растат от земята. Те радвали окото и ставали за храна. По средата на градината се намирали дървото на живота и дървото на познанието на доброто и злото (Битие 2:9).

Защо поставил Бог дървото на познанието на доброто и злото по средата на градината заедно с дървото на живота, за да се вижда добре? Бог никога не се опитвал да ги поведе по пътя на унищожението, опитвайки плодовете на дървото. Имало Божие провидение, за да разберем относителността чрез дървото на познаване на доброто и злото и да станем истински Негови духовни деца, които могат да почувстват сърцето Му.

Когато хората плачат, изпитват мъка, тъга, бедност или болести, те могат да мислят, че Адам и Ева са били много щастливи в Едемската градина, защото не са познавали сълзите, мъката, бедността или болестите на този свят. Въпреки това, хората в Едемската градина не са познавали нито щастието, нито истинската любов, защото не изпитвали никога относителността.

Нека разгледаме един пример. Има две момчета. Едното се родило и израснало в бедност, но другото било родено сред изобилие и било доволно. Ако дадете на всяко от тях скъпа играчка за подарък, как ще реагират? От една страна, детето, родено богато, няма да прояви голяма благодарност, защото рядко осъзнава стойността на играчките. От друга страна, другото момче, което е израснало бедно, ще бъде благодарно и ще оцени високо играчката.

Истинското щастие идва чрез относителността

По същия начин онези, които изпитват относителна свобода или изобилие, познават и се наслаждават на истинско щастие или свобода. За разлика от Едемската градина, много неща на света са относителни. Ако искате да познавате и да знаете истинската стойност на нещо, трябва да изпитате неговата относителност. Не може да осъзнаете истинската му стойност докато не изпитате крайните му аспекти.

Например, ако искате да познаете истинското щастие, трябва да сте изпитвали нещастието. Ако искате да знаете стойността на истинската любов, трябва да сте изпитвали омразата. Не може да осъзнаете пълната стойност на вашето здраве, докато не изпитате болка от заболяване или лошо здраве. Няма да осъзнаете стойността на вечния живот и няма да сте благодарни на Бащата Бог, който ви подготвя за рая ако не разберете със сигурност, че има смърт и ад.

Първият човек Адам се наслаждавал на всичко, което му се ядяло и имал властта да управлява над всичко в Едемската градина. Той получавал всичко това без да полага усилия и без пот на челото. Поради тази причина, той не изразявал благодарност към Бога, който му дал всичко, нито познавал любовта и милосърдието в сърцето Му.

По-късно, Адам не спазил заповедта на Бога и ял от плода. До тогава бил жив дух, но след като съгрешил, духът му умрял и станал човек от плът. Той и жена му били изгонени от Едемската градина и заживели на земята. Адам започнал да изпитва това, което никога не бил изпитвал в Едемската градина: сълзи, мъка, болести, болка, нещастие, смърт и т.н. Най-накрая изпитал всички противоположности на онова, което изпитвал в Едемската градина.

През това време Адам и Ева могли да разберат и да почувстват какво било щастието и нещастието и колко ценни били свободата и изобилието, които Бог им давал в Едемската градина.

Животът ви ще бъде безсмислен ако вие никога не разберете какво е щастие и нещастие. Дори и сега да изпитвате трудности, животът ви ще бъде по-ценен и по-съдържателен ако изпитате пълно щастие по-нататък.

Например, дори и родителите да не очакват, че на децата ще им харесва да учат, те продължават да водят децата си на училище. Ако обичат децата си, родителите с готовност ще им помогнат да се учат усилено или да изпитат хубави преживявания. Същият е случаят със сърцето на Бащата Бог, който изпратил хората на този свят и ги култивира като Негови истински деца чрез всякакви преживявания.

Поради тази причина, Бог посадил дървото на познанието на доброто и злото в Едемската градина и не попречил на Адам и Ева да ядат от плодовете му по тяхната собствена воля. Той планирал всичко, за да могат хората да изпитат всички видове радост, гняв, скръб и удоволствие на този свят и да станат Негови истински деца чрез развитие на човечеството.

Чрез мъчителни изживявания, накрая успяли да разберат истинската стойност и значението на онези неща едно по едно и от все сърце.

Тъй като ще знаят какво е истинско щастие чрез процеса на култивация на хората, Божиите деца няма да Го предадат отново като Адам и Ева в Едемската градина, независимо колко време е минало. Вместо това, те ще Го обичат все повече, ще се изпълват с радост и благодарност и ще Го възхваляват.

Истинско щастие на небето

Децата на Бога, които са изпитали сълзи, скръб, болка, болести, смърт и т.н. на този свят, ще отидат на небесното царство и ще се радват на вечно щастие, любов и благодарност завинаги. Те ще изпитват радостта от съвършено щастие на небето.

На този земен свят всичко изгнива и умира, но във вечното небесно царство няма гниене, смърт, сълзи и мъка. Златото се счита за най-скъпо на този свят, но всички пътища в Новия Ерусалим на небето са изградени от чисто злато. Небесните къщи са направени от много красиви и редки скъпоценни камъни. Колко са прелестни и прекрасни!

Считах златото и скъпоценните камъни за най-важни преди да срещна Бога, но откакто научих за вечния рай, започнах да гледам на всичко на този свят като безсмислено и незначително. Животът на този свят е само момент в сравнение с вечното царство. Ако истински вярвате и се надявате на небесното царство, никога няма да обичате този свят. Вместо това, ще мислите единствено какво трябва и какво можете да направите, за да спасите още един човек или как можете да проповядвате евангелието на хората по целия свят. Ще натрупате небесни награди като отдадете най-доброто на Бога от все сърце без да се опитвате да събирате ценности за вас на земята.

Апостол Павел бил в състояние да измине своя неравен път до край с радост и благодарност, защото имал видение на третото небесно царство. Той трябвало да понесе ужасни мъчения като апостол на безбожниците. Бог му показал голямата красота на небето и го окуражил да измине пътя докрай с надеждата за него. Той бил бичуван, замерван с камъни, затварян в тъмница и пролял кръвта си докато проповядвал евангелието на Господ. Независимо от всичко това, Павел знаел, че всички мъчения ще бъдат възнаградени многократно на небето. Накрая, всички мъчения му довели големи небесни благословии .

Божиите хора не изпитват надежда за този свят. Те копнеят единствено за небесното царство. Този свят е моментен в очите на Бога, но животът в небесното царство продължава вечно. Там няма сълзи, страдания или смърт и винаги могат да живеят радостно с надеждата за големи награди от Бога според делата им.

Ето защо аз се моля в името на нашия Господ Исус Христос да разберете голямата любов и провидението на Създателя Бог и да се подготвите да отидете на небето, за да се радвате на вечен живот и истинско щастие в изключително прелестния и величествен рай.

Глава 4

Тайната, скрита преди началото на времената

- Властта на Адам предадена на дявола
- Законът за изкупуване на земята
- Тайната, скрита преди началото
  на времената
- Исус е подходящ според закона

Обаче ние поучаваме мъдрост между съвършените, ала не мъдрост от този век, нито от властниците на този век, които преминават; а поучаваме Божията тайнствена премъдрост, която е била скрита, която е била предопределена от Бога преди вековете да ни докарва слава. Никой от властниците на този век не я е познал; защото, ако я бяха познали, не биха разпънали Господа на славата.

1 Коринтяни 2:6-8

Адам и Ева били изкушени от змията в Едемската градина, не се подчинили на заповедта на Бога и опитали от плода на дървото на познанието на доброто и злото, защото в мислите си искали да Му приличат. В резултат те и всички техни потомци станали грешници.

От човешка гледна точка, Адам и Ева били нещастни, защото били изгонени от Едемската градина и трябвало да тръгнат по пътя на смъртта. Въпреки това, духовно погледнато, това е голяма Божия благословия, защото имали шанс да се радват на спасението, вечния живот и небесните благословии чрез Исус Христос.

Чрез човешката култивация е разкрита тайната, скрита преди началото на времената и пътят за спасението бил открит за всички народи. Нека разгледаме по-добре тайната, скрита преди началото на времената и как бил открит пътят към спасението.

Властта на Адам предадена на дявола

В Лука 4:5-6 виждаме дявола да изкушава Исус, който тъкмо приключил 40-дневни пости:

Тогава, като Го изведе на една висока планина и Му показа всички царства на света, в един миг време, дяволът Му каза: На Тебе ще дам цялата тази власт и слава на тези царства, защото на мен е предадена и аз я давам на когото искам.

Дяволът казал, че ще предаде властта на Исус, защото той я получил от друг. Защо Бог, който управлява всички неща, позволил цялата власт да бъде предадена на дявола?

Битие 1:28 гласи: *„И Бог ги благослови. И Бог им каза: Плодете се и се размножавайте, напълнете земята и я покорете, бъдете господари над морските риби, над въздушните птици и над всяко живо същество, което се движи по земята."*

Адам получил от Бога властта да управлява и да ръководи всички неща. Той бил господар на всичко, но след дълго време, двамата с жена му били измамени от хитрата змия да ядат от плода на познанието на доброто и злото. Адам извършил греха на неподчинението на Бога.

В Римляни 6:16 пише: *„Не знаете ли, че на когото предавате себе си като послушни слуги, слуги сте на онзи, на когото се покорявате - било на греха, който докарва смърт, или на послушанието, което докарва правда?"* Вие сте роби на греховното или праведното. Ако вършите грехове, вие робувате на греха и ще тръгнете към смъртта. Ако живеете праведно, вие робувате на истината и ще отидете в рая.

Адам извършил греха на неподчинението и станал негов роб. Ето защо повече не можел да има властта и силата, които Господ му дал. Той трябвало да ги предаде на дявола, така, както притежанията на роба са собственост на господаря му. С една дума, Адам предал на дявола властта и силата, получени от Бога, защото съгрешил и станал роб на греха.

Неподчинението на Адам довело до грехове за всички хора. Това била причината той и всичките му потомци да служат на дявола като роби, обречени на смърт.

Законът за изкупуване на земята

Какво трябва да направят хората, за да бъдат освободени от врага дявол и Сатаната и да бъдат спасени от греха и смъртта? Някой ще каже: „Бог прощава безусловно на всички, защото Бог е любов. Той е милостив и състрадателен." Въпреки това, 1 Коринтяни 14:40 гласи: *„Обаче нека всичко става с приличие и ред."* Бог върши всичко последователно според закона на духовното царство. Бог не прави нищо в противоречие на духовния закон, защото Той е Бог на правосъдието и справедливостта.

В духовното царство има закон за наказание на грешниците, който гласи: „Заплатата за греха е смърт". Също така има закон за изкупуване на грешниците.

Духовният закон би трябвало да се приложи за възстановяване на властта на Адам, която предал на дявола.

Какъв е законът за изкуплението на грешниците? Това е законът за изкупуване на земята, записан в Стария завет. Преди началото на времената, Бащата Бог подготвил тайно пътя за спасението на хората според този закон.

Какъв е законът за изкупуване на земята?

Това е Божията заповед за израилтяните в Левит 25:23-25:

Земята да не се продава завинаги, понеже земята е Моя; защото вие сте пришълци и заселници при Мене. Затова в цялата земя, която притежавате, позволявайте откупуване на земята. Ако осиромашее брат ти и продаде нещо от имота си, нека дойде най-близкият му сродник и да откупи онова, което брат му е продал.

Всяко парче земя принадлежи на Бога и не трябва да се продава завинаги. Ако някой продава земята си поради бедност, Бог позволява на него или на негов близък родственик да я изкупи обратно. Това е законът за изкупуване на земята.

Израилтяните изготвят договора за покупкопродажба на земята според закона за нейното временно изкупуване.

Продавачът и купувачът записват подробно данните за земята в договора, за да може по-късно продавачът или негов близък родственик да я изкупи обратно. Те изготвят договора в два екземпляра и ги подпечатват в присъствието на двама или трима свидетели. Един договор се подпечатва и съхранява в хранилището на Светия храм. Другият договор се съхранява в приемната зала, отворен и неподпечатан. Законът за изкупуване на земята позволява на продавача или на негов близък родственик да я изкупи обратно по всяко време.

Законът за изкупуване на земята и спасението на хората

Защо Бог подготвил пътя за спасение на човечеството според закона за изкупуване на земята? Битие 3:19 и 23 ясно ни казва, че законът за изкупуване на земята е свързан пряко със спасението на човечеството:

С пот на лицето си ще ядеш хляб, докато се върнеш в земята, защото от нея си взет; понеже си пръст и в пръстта ще се върнеш. (Битие 3:19).

затова Господ Бог го изпъди от Едемската градина да обработва земята, от която беше взет. (Битие 3:23).

Бог казал на Адам след неговото неподчинение: „Понеже си пръст и в пръстта ще се върнеш". Тук „пръст" символизира хората, които били създадени от пръстта. Следователно, хората се връщат в пръстта след смъртта си.

Законът за изкупуване на земята гласи, че всички земи са на Бога и не трябва да се продават за постоянно (Левит 25:23-25). Тези стихове означават, че всички хора са създадени от пръстта на земята, която принадлежи на Бога и не може да се продава завинаги. Показва също, че никаква власт и сила, която Бог дал на Адам в Едемската градина, не може да бъде предадена за постоянно, защото принадлежи на Бога.

Властта на Адам била предадена на врага дявол и Сатаната, но този, който е подходящ да изкупи загубената власт на Адам, може да я възстанови обратно от врага дявол. По същия начин, Богът на правосъдието предвидил съвършен изкупвач според закона за изкупуване на земята. Това е Спасителят на всички хора.

Тайната, скрита преди началото на времената

Преди началото на времената, Богът на любовта знаел, че Адам нямало да Му се подчини и всичките му потомци ще тръгнат по пътя на смъртта. Той подготвил пътя за спасението на хората и го пазил в тайна до определения час.

Ако дяволът знаеше за Божия план, той щеше да Му попречи да разреши въпроса с греха и смъртта на всички хора, за да не загуби властта си. 1 Коринтяни 2:7 гласи: *„А поучаваме Божията тайнствена премъдрост, която е била скрита, която е била предопределена от Бога преди вековете да ни докарва слава."*

Исус Христос, Божията мъдрост

Римляни 5:18-19 гласи:

И така както чрез едно прегрешение дойде осъждането на всички човеци, така и чрез едно праведно дело дойде на всички човеци оправданието, което докарва живот. Защото както чрез непослушанието на един човек станаха грешни мнозината, така и чрез послушанието на Единия мнозината ще станат праведни.

Всички хора ще станат праведни и ще бъдат спасени чрез подчинението на един човек, както всички хора са станали грешници и са тръгнали по пътя на смъртта чрез неподчинението на един мъж.

По същия начин, Бог изпратил Исус Христос, когото подготвил тайно като път към спасението, позволил да Го разпънат на кръст и да възкръсне. От този момент е спасен всеки, който вярва в него.

В 1 Коринтяни 1:18 Бог казва: *„Защото словото на кръста е безумие за тези, които погиват; а за нас, които се спасяваме, то е Божия сила."*

Звучи невероятно за някои хора Синът на всемогъщия Бог да бъде оскърбен и убит от Неговите създания. Този „невероятен" план на Бога е много по-мъдър от най-мъдрите човешки планове и „слабостта" на Бога е много по-силна от най-висшата човешка сила (1 Коринтяни 1:19-24). Библията изрично казва, че никой няма да бъде праведен в очите на Бога само със спазването на закона. Бог открил път за спасението на всички хора, които вярват в Исус Христос по този начин.

Отплатата за греха е смърт. По този начин никой не можел да бъде спасен ако Исус не беше умрял за греховете ни. Христос бил разпънат на кръста за нашите грехове и възкръснал отново чрез Божията сила. По същия начин, Бог подготвил пътя, който можел да изглежда глупаво и го крил дълго време.

Бог скрил Исус Христос и Неговото разпъване в тайна, защото ако знаели за него, врагът дявол и Сатаната щели да попречат за спасението на човечеството. Дяволът никога нямало да убие Исус ако е знаел, че Бог е подготвил път за спасение чрез кръста, за да изкупи греховете на всички хора, да ги спаси от смърт и да възстанови властта на Адам от дявола.

1 Коринтяни 2:7-8 гласи:

А поучаваме Божията тайнствена премъдрост, която е била скрита, която е била предопределена от Бога преди вековете да ни докарва слава. Никой от властниците на този век не я е познал; защото, ако я бяха познали, не биха разпънали Господа на славата.

Исус е подходящ според закона

Както всеки договор има клаузи, духовното царство също има правило, което постановява, че изкупвачът трябва да бъде подходящ, за да възстанови властта на Адам от дявола съгласно закона за изкупуване на земята.

Да вземем например един човек, чийто бизнес е застрашен от фалит. Той е натрупал голям дълг, но няма средства да го изплати. Ако има заможен брат, който да го обича, брат ми ще изплати изцяло дълга му наведнъж.

Всички хора, които са грешници след Адам, се нуждаят от спасител, който да е способен да ги пречисти от греховете. Какъв трябва да бъде Спасителят? Защо Библията твърди, че само Исус е подходящ?

Първо, Спасителят трябва да бъде човек

Левит 25:25 гласи: „*Ако осиромашее брат ти и продаде нещо от имота си, нека дойде най-близкият му сродник и да откупи онова, което брат му е продал."* Законът за изкупуване на земята гласи, че ако един човек обеднее и продаде имота си, неговият най-близък родственик може да го изкупи.

1 Коринтяни 15:21-22 гласи: *„Понеже както чрез човека дойде смъртта, така чрез човека дойде възкресението на мъртвите. Защото както в Адам всички умират, така и в Христос всички ще живеят."*

Първата характеристика на Спасителя, който може да възстанови властта на Адам е да бъде човек. Този факт е описан подробно в Откровение 5:1-5:

> *И видях в десницата на Седящия на престола книга, написана отвътре и отвън, запечатана със седем печата. Видях също, че един силен ангел прогласяваше с висок глас: Кой е достоен да разгъне книгата и да разпечата печатите й? И никой - нито на небето, нито на земята, нито под земята, не можеше да разгъне книгата, нито да я гледа. И аз плаках много, защото никой не се намери достоен да разгъне книгата, нито да я гледа. Но един от старейшините ми каза: „Недей да плачеш: ето, лъвът, който е от Юдовото племе, който е Давидовият корен, победи, за да разгъне книгата и да разпечата нейните седем печата."*

„Книга, написана отвътре и отвън, запечатана със седем печата" представлява договора, сключен между

Бога и дявола, когато Адам не се подчинил на Бога и станал грешник. Апостол Йоан не успял да намери никого, който да разпечата ръкописа на земята, на небето или под земята.

Причината била, че ангелите на небето не са хора, всички хора на земята са грешници като потомци на Адам и под земята има само зли духове, принадлежащи на дявола и на мъртвите души по пътя за ада.

По това време един от старейшините казал на Йоан: „Недей да плачеш: ето, лъвът, който е от Юдовото племе, който е Давидовият корен, победи, за да разгъне книгата и да разпечата нейните седем печата." В този случай „Давидовият корен" се отнася за Исус, който бил роден като потомък на цар Давид от Юдовото племе (Деяния 13:22-23). Следователно, Исус отговаря на първото условие според закона за изкупуване на земята.

Някои хора могат да кажат: „Бог е Единствен. Исус със сигурност е Бог, защото Той е Божи Син. Той не е човек." Въпреки това, не забравяйте, че Йоан 1:1 гласи: „Словото беше Бог". Йоан 1:14 казва: „И Словото стана плът и живя между нас". Бог, който бе Словото, стана плът и живя на земята сред нас.

Исус е този, чиято първоначална същност била Бог и който станал човек от плът. Той бил словото и Божият Син. Той притежавал хуманност и божественост. Той бил роден и израснал като човек от плът. Историята на човечеството е разделена на две части според раждането на Христос: В.С., *Преди Христа* и А.D., *Годината на*

Господ. Това свидетелства, че Исус дошъл на земята като човек от плът. Раждането на Исус, възпитанието и разпъването на кръста също представят този факт.

Ето защо Христос отговаря на изискванията да бъде Спасител.

Второ, Той не трябва да бъде потомък на Адам

Длъжникът не може да изплати дълга на други хора. Това може да го направи онзи, който няма дългове и е способен да помогне на другите. По същия начин, спасителят на всички хора трябва да бъде безгрешен и неопетнен, за да избави човечеството от греховете и смъртта. Всички хора са потомци на Адам и грешници, защото техният праотец съгрешил. Никой от неговите потомци не може да бъде спасител, защото те всички са грешници. Дори и най-великият човек в историята не може да бъде отговорен за греховете на другите.

Способен ли е Исус да направи това?

Матей 1:18-21 представя раждането на Исус. Той бил заченат от Светия дух, а не чрез обединението на мъжа и жената:

А рождението на Исус Христос стана така: след като майка Му Мария беше сгодена за Йосиф, преди да се бяха съединили, тя се оказа бременна от Светия Дух. А мъжът й Йосиф, понеже беше праведен, а пък не искаше да я изложи, намисли да я напусне тайно. Но когато намисли това, ето, ангел от Господа му се яви насън и каза: Йосифе, сине Давидов, не бой се да вземеш жена си Мария; защото заченатото в нея е от Светия Дух. Тя ще роди Син, Когото ще наречеш Исус; защото Той е, Който ще спаси народа Си от греховете му.

Христос произхождал от рода на Давид според неговото родословно дърво (Матей 1; Лука 3:23-37). Въпреки това, Той бил заченат от Светия дух преди Мария да се събере с Йосиф. Следователно, Той няма греховна природа.

Всички се раждат с първородния грях, защото наследяват греховната същност на своите родители. С други думи, след съгрешението на Адам, той завещал греховната си природа на своите наследници. Всички хора я наследяват до днешен ден и тя се нарича „първороден грях". Ето защо, всички наследници на Адам са грешници и не могат да спасят други хора.

По този начин Бащата Бог планирал Синът Му Исус Христос да бъде заченат от Светия дух в утробата на Дева Мария. Исус станал човек от плът и дошъл на земята, но не е потомък на Адам.

Трето, Той трябва да притежава силата, за да победи дявола

Левит 25:26-27 гласи:

Но ако човекът няма сродник да го откупи и като се замогне, сам да намери с какво да го откупи, тогава нека сметне годините от продажбата му и нека върне излишъка на онзи, на когото го е продал, и нека получи имота си обратно.

Накратко казано, спасителят трябва да притежава силата, за да изкупи обратно земята. Бедният човек не може да изплати дълга на приятеля си дори и да желае да го направи. По същия начин, спасителят не трябва да е съгрешавал, за да може да спаси хората от греховете им. Праведността е сила в духовното царство.

Спасителят трябва да има силата да победи врага дявол и Сатаната и да възстанови властта на Адам. Тоест, Спасителят не трябва да притежава нито първородния грях, нито други грехове. Само безгрешен спасител може да победи дявола и да освободи хората.

Безгрешен ли е бил Исус?

Исус нямал първородния грях, защото бил заченат от Светия дух. Той спазвал изцяло закона на Бога, защото израснал под грижата на родителите, които изпитвали страх от Господ и изпълнил закона с любов. Той бил обрязан на осмия ден след Своето раждане (Лука 2:21). Никога не съгрешавал и спазвал волята на Бащата Бог до разпъването Му на кръста на 33-годишна възраст (1 Петрово 2:22-24; Евреи 7:26).

Исус можел да победи дявола и да спаси хората, защото нямал никакви грехове. Неговата „безгрешност" била представена от множество дела на силата Му. Той прогонвал демони, карал слепите да проглежда, глухите да чуват, куците да ходят и лекувал всякакви видове нелечими болести. Тежката буря утихнала и силната виелица спряла, когато порицал вятъра и казал на водата: „Мълчи! Утихни!" (Марко 4:39)

Накрая, Той трябва да изпитва пожертвователна любов

Дори богаташът не би могъл да изкупи земята ако не изпитва любов към човека, който я е продал. По същия начин, спасителят трябва да обича грешниците, за да пожертва Себе Си и да разреши въпроса с греховете им.

В Рут 4:1-6, Вооз знаел добре за бедността на Ноемин и казал на нейния близък роднина да изкупи земята обратно ако иска. Въпреки това, сродникът отказал: *„Не мога да изпълня длъжността на сродник, да не би да навредя на собственото си наследство; ти приеми върху себе си моето право да откупя, защото не мога да откупя нивата"*. (стих 6). Той не изкупил земята за

Ноемин и Рут, въпреки че бил достатъчно богат, за да го направи. Накрая Вооз, следващият по близост сродник, изкупил земята, защото изпитвал пожертвователна любов.

Вооз изкупил законно земята и се оженил за Рут, защото изпитвал достатъчно любов, за да върне земята на Ноемин. Синът на Вооз и Рут бил праотец на цар Давид и бил записан в генеалогията на рода на Исус.

Исус бил разпънат на кръста заради своята любов. Исус бил Словото, но станал човек от плът и дошъл на земята. Той не бил потомък на Адам, защото бил заченат от Светия дух. Ето защо не бил роден с първородния грях. Той имал силата да спаси всички хора от греховете, защото бил безгрешен.

Въпреки това, Той не можел да стане Спасител без духовна и пожертвователна любов дори и да отговарял на другите изисквания. Трябвало да понесе наказанието за греховете на грешниците, които били обречени, за да може да ги избави от тях.

Трябвало да бъде считан за най-сериозният и опасен престъпник и да бъде разпънат на дървен кръст. Трябвало да бъде обиждан и поругаван и да пролее кръвта от тялото Си, за да спаси хората. Трябвало да заплати висока цена и да направи голяма саможертва.

Никъде в историята няма да намерите пример, в който безгрешен принц е умрял за своите неразумни и греховни хора. Исус е един и Единствен Син на

Всемогъщия Бог, Цар на царете, Бог на Боговете и Господар на всички същества. Този велик, благороден и безгрешен Исус бил разпънат на кръста, където умрял, проливайки Своята кръв. Колко неизмерима любов е изпитвал към нас?

Всъщност, през целия Си живот Исус вършил само добри дела. Той дал на грешниците опрощение, излекувал хора, болни от всякакви болести, освободил много хора от демоните, предал добрите вести за мира, радостта и любовта и дал на хората истинска надежда за спасението и рая. Преди всичко, Той дал за грешниците Своя Собствен живот.

Римляни 5:7-8 гласи:

Защото едва ли ще се намери някой да умре даже за праведен човек (при все че е възможно да дръзне някой да умре за добрия). Но Бог препоръчва Своята любов към нас в това, че когато още бяхме грешници, Христос умря за нас.

Бащата Бог изпратил Своя един и единствен Син Исус за нас, които не сме нито праведни, нито добри и позволил да бъде разпънат на кръста и да умре на него. По този начин показал голямата Си любов.

Следователно моля се в името на Господ да разберете, че не може да бъдете спасени от никой друг, освен от Исус Христос, трябва да станете дете на Бога и да приемете Исус Христос и винаги да се радвате на успешен живот, в който ще бъдете спасени!

Глава 5

Защо Исус е нашият единствен Спасител?

- Провидението за спасение чрез Исус Христос
- Защо Исус бил разпънат на дървен кръст?
- Никое друго име в света освен името на „Исус Христос"

Той е камъкът, който бе пренебрегнат от вас, зидарите, но стана глава на ъгъла. И чрез никой друг няма спасение; защото няма под небето друго име, дадено на човеците, чрез което трябва да се спасим.

Деяния 4:11-12

Ще обичате Бога от все сърце, когато осъзнаете Неговото дълбоко и внимателно провидение за развитие на човечеството. Освен това, трябва да се възхищавате на Неговата любов и мъдрост, когато разберете провидението за спасението чрез Исус Христос.

Как започнало чрез Исус Христос да се изпълнява провидението за спасението, скрито преди началото на времената? Вече ви казах, че справедливият Бог е подготвил единствения способен да спаси хората според духовния закон и че няма никой друг освен Христос под небето, който можел да го направи.

Исус е единственият човек, който не е потомък на Адам, защото бил заченат от Светия дух и дошъл на земята като човек от плът. Освен това имал силата и любовта да спаси всички хора. Ето защо Той можел да открие пътя на спасението за хората чрез разпъването на кръста.

Деяния 4:12 гласи: „*И чрез никой друг няма спасение; защото няма под небето друго име, дадено на човеците, чрез което трябва да се спасим.*" Всеки, който приеме и вярва в Исус Христос ще получи опрощение на греховете си и ще бъде спасен. Той ще излезе в светлината от тъмнината и ще получи властта и благословиите на Божиите деца.

Сега ще ви обясня защо трябва да вярвате в Исус, който бил разпънат на кръста, за да ви спаси и да получи властта и благословиите на децата на Бога.

Провидението за спасение чрез Исус Христос

Бог подготвил пътя за спасението преди началото на времената. Книгата Битие предсказва за Исус и за тайната на спасението на човечеството чрез кръста.

Битие 3:14-15 гласи:

Тогава Господ Бог каза на змията: Понеже си сторила това, проклета да си между всеки вид добитък и между всички полски зверове; по корема си ще се влачиш и пръст ще ядеш през всички дни на живота си. Ще поставя и вражда между теб и жената и между твоето потомство и нейното потомство; то ще ти нарани главата, а ти ще му нараниш петата.

Както беше споменато по-нагоре, в духовен смисъл „змията" се отнася за врага дявол и яденето на пръст символизира дявола, който управлява хората, които са направени от пръстта на земята. Също така „жената" посочва „Израел" и „нейното потомство" се отнася за

Исус. Фразата „Ще му нараниш петата" символизира разпятието на Христос и „ще ти нарани главата" намеква, че Исус ще унищожи дявола и Сатаната като възкръсне от мъртвите.

Сатаната не можел да разбере Божия план

Бог пазил в тайна провидението за спасението, за да не може врагът дявол и Сатаната да разберат мъдростта Му.

Дяволът се опитал да убие потомството на жената преди да бъде унищожен. Той считал, че завинаги ще притежава властта, връчена му от Адам, който не се подчинил на Бога. Въпреки това, Сатаната не знаел кое било потомството на жената. Ето защо, той се опитал да убие пророците, обичани от Бога от времето на Стария завет.

Когато Моисей бил роден, дяволът накарал Фараона – царят на Египет – да убие всички синове на еврейските жени (Изход 1:15-22). Когато Исус бил зачен от Светия дух и дошъл на земята като човек от плът, дяволът накарал цар Ирод да направи същото.

Въпреки това, Бог вече знаел за плана на Сатаната. Божият ангел се появил в съня на Йосиф и му казал да иде в Египет с майката и бебето. Бог позволил на семейството да живее там до смъртта на цар Ирод.

Бог позволил разпятието на Исус

Христос израснал под закрилата на Бога и започнал
Своето духовенство на 30-годишна възраст. Той
обикалял по цялата Галилея, поучавал в синагогите,
лекувал всякакви болести, съживявал мъртвите и
проповядвал евангелието на бедните (Матей 4:23, 11:5).

Междувременно дяволът кроял планове, за да накара
главните свещеници, учителите на закона и Фарисеите да
убият Исус. Въпреки това, както знаете от Библията,
лошият човек не можел дори да докосне Христос,
защото всички събития в живота Му се провеждали с
Божието провидение.

Бог позволил на дявола да разпъне Христос на кръста
само три години след започване на неговото духовенство.
В резултата на това, Исус носил корона от тръни и умрял
на кръста в големи болки, закован за ръцете и краката.

Разпъването на кръст е най-жестокият начин за
екзекуция. Дяволът бил изключително доволен да убие
Исус по този ужасен начин. Сатаната пеел от радост,
защото мислил, че ще продължи да властва над света и
нямало да има кой да попречи на управлението му.
Въпреки това, съществувало скритото Божие
провидение.

Дяволът нарушил духовния закон

Бог не използва Своята абсолютна върховна мощ

срещу закона, защото е праведен. Той подготвил пътя за спасението чрез духовния закон преди началото на времената, защото го спазва във всичко.

Тъй като според духовния закон заплатата за греха е смърт, (Римляни 6:23), никой няма да срещне смъртта ако не съгрешава. Въпреки това, Сатаната разпънал Исус, който бил безгрешен и чист (1 Петрово 2:22-23). По този начин дяволът нарушил духовния закон и попаднал в собствения си капан. Той станал инструмент за спасението на човечеството, планирано от Бога. Поколението на жената разбило главата си, както било предсказано в Битие.

Обикновено змията може да оцелее ако отрежете тялото й или опашката, но не може да издържи ако държите здраво главата й. Ето защо фразата: „*Ще поставя и вражда между теб и жената и между твоето потомство и нейното потомство; то ще ти нарани главата, а ти ще му нараниш петата.*" В духовен смисъл представя дявола, който ще загуби силата и властта си заради Исус Христос. Змията, която ранява петата на потомството на жената в духовен смисъл символизира Сатаната, който разпъва Исус на кръста и това се сбъднало според предсказаното в Битие 3:15.

Спасение чрез разпъването на Исус на кръста

Провидението за спасението, скрито от Бога преди

началото на времената, започнало да се изпълнява, когато Исус възкръснал на третия ден след Своята смърт.

Преди около 6,000 години, Адам трябвало да предаде властта, дадена му от Бога на дявола, тъй като с неподчинението нарушил духовния закон (Лука 4:6). Въпреки това след 4,000 години Сатаната тръгнал по пътя на унищожението, защото не го спазил.

Следователно дяволът трябвало да освободи онези, които приемали Исус за свой Спасител и вярвали в името Му и получавали правото да станат Божии деца. Щял ли е дяволът да разпъне Исус на кръста ако е знаел Божията мъдрост? Абсолютно не! В 1 Коринтяни 2:8 пише: *„Никой от властниците на този век не я е познал; защото, ако я бяха познали, не биха разпънали Господа на славата.”*

Хората, които не разбират това в днешно време се чудят: „Защо Всемогъщият Бог не е могъл да предпази Своя Син от смъртта? Защо Го оставил да умре на кръста?” Ако разберете добре провидението за кръста, ще разберете защо Исус е трябвало да бъде разпънат и как е станал Цар на царете и Бог на боговете след тържествената победа над врага дявол. По този начин, всеки, който вярва в Спасителя Христос, който умрял на кръста и възкръснал на третия ден, за да спаси хората от греховете им, може да бъде считан за праведен и да бъде спасен.

Защо Исус бил разпънат на дървен кръст?

Защо трябвало Исус да бъде разпънат на дървен кръст? Защо дървен? Сред множество методи за екзекуция, Исус загинал на дървен кръст. Според Галатяни 3:13-14 има три духовни причини Христос да бъде разпънат на дървен кръст.

Първо, за да ни изкупи от проклятието на закона

Галатяни 3:13 гласи: *„Христос ни изкупи от проклятието на закона, като стана проклет за нас; защото е писано: ‚Проклет всеки, който виси на дърво’”.* Това обяснява защо Исус бил разпънат на дървен кръст, за да ни изкупи от проклятието на закона.

Всички хора били прокълнати и обречени да поемат пътя на смъртта, заради неподчинението на първия човек Адам. Както пише в Римляни 6:23 *„Отплатата за греха е смърт”.* Въпреки това, Бог отдал Своя Син Христос на хората и позволил да Го разпънат на дървен кръст, за да ги изкупи от проклятието на закона (Второзаконие 21:23).

Исус пролял кръвта Си на кръста. Прочетете внимателно стихове 11 и 14 от Левит 17:

> *Защото животът на тялото е в кръвта, която Аз ви дадох, за да правите умилостивение на жертвеника за душите си; защото кръвта е,*

която по силата на живота, който е в нея, прави
умилостивение. (стих 11).

Защото, колкото до живота на всяка твар,
кръвта й - тя е животът й; затова казах на
израилтяните: Да не ядете кръвта на никаква
твар, защото животът на всяка твар е кръвта
й; всеки, който я яде, ще бъде изтребен. (стих
14).

Левит пише, че животът е кръв, защото всяко
същество се нуждае от кръв, за да живее и без кръв ще
умре.

Въпреки това, когато човек умре, плътта му става на
пръст, а душата му отива в рая или в ада. За да получите
вечен живот, трябва да се простят греховете ви. За да
бъдат простени греховете ви, трябва да се пролее кръв,
както гласи Евреи 9:22: *„И почти мога да кажа, че по*
закона всичко се очиства с кръв; и без проливане на
кръв няма опрощение." Поради тази причина хората по
времето на Стария завет принасяли животинска кръв
всеки път, когато съгрешавали. Ето защо Исус пролял
кръвта Си един път завинаги, за да бъдат простени
греховете на хората и да получат вечен живот, защото
Той Самият нямал първороден грях и бил праведен.

По същия начин, може да получите вечен живот
заради пролятата кръв на Исус. Тоест, Христос е умрял
вместо вас и открил пътя за вас да станете Божие дете.

Второ, за да благослови Авраам

Първата половина на Галатяни 3:14 гласи: *„така че благословението, дадено на Авраам, да дойде чрез Христос Исус върху езичниците, за да приемем обещания Дух чрез вяра."* Това означава, че Бог дава благословението на Авраам не само за израилтяните, но за всички не евреи, които са обявени за праведни чрез приемането на Исус за техен Спасител.

Авраам бил наречен „баща на вярата" и „приятел на Бога" и живял с благословението за деца, здраве, дълголетие, богатство и т.н. Причината за щедрото благословение на Авраам е представена в Битие 22:15-18:

Тогава втори път ангел Господен викна на Авраам от небето и каза: В Себе Си се заклевам, казва Господ, че понеже си направил това нещо и не пожали сина си, единствения си син, ще те благословя премного и ще умножа и преумножа потомството ти като небесните звезди и като пясъка на морския бряг; и потомството ти ще завладее портата на неприятелите си; в твоето потомство ще се благословят всички народи на земята, защото си послушал гласа Ми.

Авраам се подчинил, когато Бог му казал: *„Излез от отечеството си, от рода си и от бащиния си дом и иди*

в земята, която ще ти покажа. " (Битие 12:1).
Подчинил се също без да се оплаква, когато Бог казал:
*„Вземи сега единствения си син, когото обичаш, сина
си Исаак, и иди в местността Мория, и го принеси там
във всеизгаряне на един от хълмовете, за който ще ти
кажа.* " (Битие 22:2). Това било възможно за Авраам,
защото той вярвал на Бога, който можел да съживява
мъртвите (Евреи 11:19). С твърда вяра той бил способен
да бъде благословен и баща на вярата.

Ето защо децата на Бога, които приемат Исус като
свой Спасител, трябва да притежават вярата на Авраам.
Тогава ще можете да възхвалявате Бога и да получите
всички благословии на земята.

Трето, за да даде обещанието за Духа

Втората половина на Галатяни 3:14 гласи: *„така че
благословението, дадено на Авраам, да дойде чрез
Христос Исус върху езичниците, за да приемем
обещания Дух чрез вяра.* " Това означава, че всеки, който
вярва, че Исус е умрял на дървен кръст заради хората, ще
бъде освободен от проклятието на закона и ще получи
обещанието на Светия дух. Освен това всеки, който
приеме Христос за Спасител ще получи правото да стане
дете на Бога и Светия дух като отплата и уверение (Йоан
1:12; Римляни 8:16).

Когато приемате Светия дух, ще може да наречете
Бога „Авва, Отче" (Римляни 8:15), вашето име ще бъде

записано в Книгата на живота в небесата (Лука 10:20) и ще имате гражданство на небето (Филипяни 3:20). Това се дължи на Светия дух, който е сърцето и силата на Бога, повежда ви към вечен живот и ви помага да разберете Божието слово и да живеете праведно с вяра.

Въпреки това, ще бъдете спасени, когато не само признаете Исус за ваш Спасител, а вярвате също в сърцето си, че Той победил силата на смъртта и възкръснал. Римляни 10:9 гласи: „*Защото ако изповядаш с устата си,че Исус е Господ, и повярваш със сърцето си, че Бог Го е възкресил от мъртвите, ще се спасиш.*"

Преди началото на времената, Бог съставил велик план за хората, които вярват, че Исус е техен Спасител, за да станат едно с Бога и да бъдат спасени. Този план е прекрасен и тайнствен. Хората трябвало да тръгнат по пътя на смъртта според закона на духовното царство, който гласи, че „*Отплатата на греха е смърт*". Въпреки това, те можели да бъдат изкупени от проклятието на закона и спасени с вярата в него, защото дяволът нарушил закона на духовното царство.

Хората трябвало да страдат от болки, нещастия и смърт, които дяволът предизвикал, когато съгрешили в своето неподчинение. При все това всеки, който признае Исус за свой Спасител и приеме Светия дух, може отново да бъде спасен, да получи вечен живот, да възкръсне и да бъде благословен.

Привилегиите и благословиите, отдадени на децата на Бога

Всеки, който отвори сърцето си и приеме Исус Христос ще бъде простен, ще получи правото да стане дете на Бога и ще се радва на щастие и мир за душата си. Това е възможно, защото Исус отнел греховете ни един път завинаги чрез разпъването на кръста. Псалми 103:12 гласи: *„Колкото отстои изток от запад, толкова е отдалечил от нас престъпленията ни."* В Евреи 10:16-18 пише: *„,Ето завета, който ще сключа с тях след онези дни, казва Господ: Ще положа законите Си в сърцата им и ще ги напиша в умовете им', прибавя: ,И греховете им, и беззаконията им няма да помня вече.' А където има прощение за тези неща, там вече няма принос за грях."*

Нищо друго в света не може да се сравни с правото да станете Божии деца с вярата. На този свят е престижно да бъдеш царско или президентско дете. Колко велико тогава е правото да бъдеш дете на Създателя Бог, който управлява всичко в света, ръководи историята на човечеството и вселената?

Бог не счита, че вярвате истински, когато твърдите: „Христос е Спасителят". Трябва да знаете кой е Исус Христос, защо е единственият Спасител за вас и да имате истинска вяра на основата на това знание. Тогава с тази истинска вяра, вие ще разберете Божието провидение, скрито в кръста и ще признаете: „Господ е Христос и Синът на живия Бог". След това, можете да живеете праведно. Без тази истинска вяра, трудно ще се уповавате от сърце и трудно ще спазвате Божието слово. Следователно, както е казал Исус в Матей 7:21: *„ Не всеки, който Ми казва: Господи! Господи!, ще влезе в небесното царство, но който върши волята на Моя Отец, Който е на небесата."* Исус изрично е казал, че само хората, които наричат Исус „Господи, Господи" и живеят според волята и словото Му, могат да бъдат спасени.

Никое друго име в света освен името на „Исус Христос"

Деяния 4 представя сцена, в която Петър и Йоан смело свидетелстват за Исус Христос пред Синедриона. Те искрено вярвали, че нямало друго име освен името на „Исус Христос", с което хората да бъдат спасени и Петър, който бил изпълнен със Светия дух, имал силата да възкликне: *„И чрез никой друг няма спасение; защото няма под небето друго име, дадено на човеците, чрез което трябва да се спасим."* (Деяния 4:12).

Какви духовни значения има името на „Исус Христос"? Защо Бог ни е дал само името на Исус Христос, за да получим спасение?

Разликата между „Исус" и „Исус Христос"

Деяния 16:31 гласи: *„А те казаха: Повярвай в Господ Исус Христос и ще се спасиш - ти и домът ти."* Има причина да казва „Господ Исус Христос", а не просто „Исус".

В този случай „Исус" се отнася за човека, който ще спаси хората от греховете им. „Христос" е гръцка дума, която означава „Месия" на еврейски език. Той бил „помазан" (Деяния 4:27) и се отнася за Спасителя, който е Посредник между Бога и хората. Тоест, „Исус" е името на бъдещия спасител, а „Христос" е името на спасителя, който вече е Спасил хората.

През епохата на Стария завет, Бог помазвал хората, които щели да бъдат царе, свещеници или пророци като изливал миро на главите им (Левит 4:3; 1 Царе 10:1; 2 Царе 19:16). Маслото символизира Светия дух. Ето защо миропомазването означава избраният от Бога човек да получи Светия дух.

Исус бил помазан като Цар, Първи свещеник и Пророк и дошъл на този свят като човек от плът, за да спаси всички хора според Божието провидение, предназначено преди началото на времената. Той бил разпънат, за да ни изкупи и станал наш Спасител като възкръснал на третия ден. Ето защо, Той е Спасителят, който изпълнил Божието провидение за спасение. Тоест, Той е Христос.

„Исус" е наречен преди разпятието. След разпятието

и възкресението, Той се нарича „Исус Христос", „Господ Исус" или „Господ".

Трябва да знаете, че има голяма разлика в силата на „Исус" и „Исус Христос". Исус е името, с което е назован преди да изпълни провидението за спасението и дяволът не се страхува много от това име. Името „Исус Христос" означава следните три неща: кръвта, която ни изкупила от греховете; възкресението, което победило властта на смъртта и живот, който продължава във вечността. Пред това име дяволът трепери от страх.

Много хора пренебрегват този факт, защото не разбират разликата. Божието дело и отговори ще бъдат различни в зависимост от начина, по който Го наречете (Деяния 3:6).

Когато се молите на Бога в името на нашия Господ Исус Христос и помните този факт, ще имате успешен живот, изпълнен с непосредствени и изчерпателни отговори от Всемогъщия Бог.

Пълната покорност на Исус

Въпреки, че Исус имал божествена природа, Той не считал, че е равен на Него и че има същите права. Той бил никой. Той заел скромната същност на роб и се появил като човек.

Добрият служител няма собствена воля, а спазва волята на господаря си. Задължението на служителя е да се подчинява на волята на господаря, независимо от това как се чувства и дали е съгласен с него. Исус спазвал Божията воля със сърцето на предан служител и така успял да изпълни Своята Мисия за спасение на човечеството.

Бог възхвалявал Исус, който спазвал волята Му с думите „Да" и „Амин" и накарал хората да признаят, че Той е Господ.

Затова и Бог Го превъзвиси и Му подари името, което е над всяко друго име, така че в името на Исус да се поклони всяко коляно от небесните и земните, и подземните същества и всеки език да изповяда, че Исус Христос е Господ, за слава на Бога Отца. (Филипяни 2:9-11).

Името „Исус Христос" свидетелства за Божията сила

Йоан 1:3 гласи: „*Всичко това стана чрез Него; и без Него не е станало нищо от това, което е станало.*" Тъй като всички неща на света били създадени чрез Христос, Той има властта да управлява над всичко като Създател. Когато заповядвал Исус – Синът на Създателя Бог, неживите неща като ветровете и вълните Му се подчинявали и се успокоявали и смоковото дърво изсъхнало след като го проклел.

Христос имал силата да прощава греховете и да спасява грешниците от наказанията. Исус казал на паралитика в Матей 9:2: „*Дерзай, синко; прощават ти се греховете."* И в стих 6: *„Но за да познаете, че Човешкият Син има власт на земята да прощава греховете (тогава каза на паралитика): Стани, вдигни постелката си и иди у дома си."*

В допълнение, Исус притежавал силата да лекува всякакви болести и недъзи и да съживява мъртвите. Йоан 11 описва сцена, в която мъртвият мъж Лазар излязъл от гроба с ръце и крака, увити с лен, когато Исус извикал: „Лазаре, излез!" Той бил мъртъв от четири дни и зловонен, но излязъл от гроба здрав и жив.

По същия начин Исус ви дава, когато искате с вяра, защото има чудната сила на Бога.

Исус Христос, любовта на Бога

1 Йоаново 4:10 гласи: *„В това се състои любовта - не че ние сме възлюбили Бога, а че Той възлюби нас и прати Сина Си като умилостивение за греховете ни."* Бог показал удивителната Си любов към нас. Той изпратил Своя единствен Син като изкупителна жертва, когато все още сме били грешници. Бог трябвало да изтърпи голяма болка и да открие пътя за спасение на човечеството, когато Неговият Син Исус бил закован на кръста и пролял кръвта Си. Как се чувствал Богът на любовта, когато трябвало да наблюдава разпънат на кръста Своя единствен Син? Бог не бил способен да гледа седнал на трона. Матей 27:51-54 разказва колко много страдал Бог при разпъването на Исус на кръста:

И, ето, завесата на храма се раздра на две отгоре додолу, земята се разтресе, скалите се разпукаха, гробовете се разтвориха и много тела на починали светии бяха възкресени, които, като излязоха от гробовете след Неговото възкресение, влязоха в Светия град и се явиха на мнозина. А стотникът и онези, които заедно с него пазеха Исус, като видяха земетресението и всичко, което стана, много се уплашиха и казаха: Наистина този беше Син на Бога.

Това ясно показва, че Исус бил разпънат на кръста не заради Своите собствени грехове, а заради голямата любов на Бога, който искал да поведе всички хора по пътя на спасението. Въпреки това, толкова много хора не приемат или не разбират Неговата удивителна любов.

След неподчинението на Адам, хората не можели повече да бъдат с Бога и станали грешници. Исус дошъл на земята и станал посредник между нас и Бога, за да може да благослови всички хора чрез Емануил (Матей 1:23). Чрез болката и страданията на Исус на кръста, ние получаваме истински мир и спокойствие.

Надявам се да разберете великата любов на Бога, който отдал за нас Своя единствен Син, за да ни изкупи от греховете и вечната смърт и пожертвователната любов на Господ, който макар и безгрешен, бил разпънат вместо нас и открил пътя към спасението.

Глава 6

Провидението на кръста

- Роден в кошара и положен в ясли
- Животът на Исус в бедност
- Бичували Го и пролял кръвта Му
- Носейки корона от тръни
- Дрехите на Исус
- Закован за ръцете и краката
- Краката на Исус не били счупени,
  но тялото Му било пронизано

„Той наистина понесе печалта ни и със скърбите ни се натовари; а ние Го счетохме за ударен, поразен от Бога и наскърбен. Но Той беше наранен поради нашите престъпления, беше бит поради нашите беззакония; върху Него дойде наказанието, донасящо нашия мир, и с Неговите рани ние се изцелихме. Всички ние се заблудихме като овце, отбихме се всеки в своя път; и Господ възложи на Него беззаконието на всички ни."

Исая 53:4-6 гласи

В Божия план за получаване на истински деца най-важната част е идването на Исус на земята като човек от плът, Неговите страдания и смъртта Му на кръста. Чрез всичко това, Той открил пътя за спасението на всички хора.

Божието провидение за кръста има дълбоко духовно значение. Исус – единственият Син на Бога, отказвайки се от небесната слава, се родил в кошара и живял бедно през целия Си живот.

В допълнение, Той бил бичуван и закован за ръцете и за краката, носил корона от тръни и пролял кръвта Си като Го пронизали с копие. Всяко страдание, което Исус изпитвал, съдържало изумителната любов на Бога.

Когато разберете напълно духовното значение на кръста и на страданията на Исус, сърцето ви със сигурност ще се трогне от любовта на Бога и ще изпитвате истинска вяра. Ще получите разрешения на всички проблеми в живота ви като бедност и болести, както и вечното небесно царство.

Роден в кошара и положен в ясли

Исус, който имал Божествена природа, управлявал всички неща на небето и на земята. Въпреки това, Той дошъл от плът на земята, за да изкупи хората от греха и да ги поведе по пътя на спасението.

Исус е единственият Син на Всемогъщия Бог. Защо тогава не бил роден на луксозно място или в уютна стая? Защо Бог не направил така, че да се роди на хубаво място? Защо позволил Исус да се роди в кошара и да бъде положен в ясли?

Това има дълбоко духовно значение. Трябва да знаете, че в духовен смисъл Исус бил роден величествено. Въпреки че хората не били способни да видят това с очите си, Бог бил толкова доволен от раждането на Исус, че Той обкръжил бебето Исус с божествена светлина в присъствието на ангелите. Може да почувствате част от вълнението Му в Лука 2:14: *„Слава на Бога във висините. И на земята мир между човеците, в които е Неговото благоволение."*

Бог подготвил също добри пастири и мъдреците от Изток, за да се поклонят на бебето Исус.

Възхвалата и поклоните се дължали на това, че Исус щял да открие пътя за спасението чрез пришествието на този свят. Огромен брой хора щели да влязат във вечното царство като деца на Бога и Исус – Синът на Бога щял да стане Цар на царете и Бог на боговете.

Божието провидение, скрито в раждането на Исус

Когато Исус се родил, Цезар издал заповед за преброяване на населението в Римската империя. Евреите се намирали под колониалното управление на Рим и се върнали по домовете си, за да се регистрират според заповедта на Цезар.

Йосиф също се преместил с годеницата си Мария от Назарет в Галилея до Витлеем, защото принадлежал на рода на Давид. Мария била сгодена за Йосиф и зачанала от Светия дух преди да отидат във Витлеем, където се родил Исус.

Името „Витлеем" означава „Дом на хляба" и това бил родният град на Цар Давид (1 Царе 16:1). Михей 5:2 пише за Витлеем: *„Бъдещият Месия и Неговото царство А ти, Витлеем Ефратов, макар и да си малък, за да бъдеш между Юдовите родове, от тебе ще излезе за Мен Един, Който ще бъде владетел в Израел, Чийто произход е от начало, от вечността."*

Било предсказано Витлеем да бъде родният град на Месията.

По онова време нямало свободни места в гостилниците за Мария и Йосиф, защото хиляди хора отишли във Витлеем да се регистрират. Ето защо Мария родила сина си в кошара. Тя повила бебето в пелени и Го положила в ясли, голям съд, използван за храна на кравите или конете.

Защо Исус, Спасителят на човечеството, се родил в толкова скромни и бедни условия?

За да изкупи хората, които в себе си са като животни

Еклесиаст 3:18 гласи: „*Казах в сърцето си относно човешките синове, че това е, за да ги опита Бог и за да видят те, че в себе си са като животни.*" Хората, загубили Божия образ, приличат на животни в очите на Бога. Първият човек Адам първоначално бил създаден като живо същество по Божия образ. Той бил също духовен човек, защото Бог го учил единствено на истинското слово.

Адам опитал от плода на дървото на познанието на доброто и злото въпреки заповедта на Бога, затова духът му умрял и той не можел повече да общува с Бог. Той вече не бил господар на всички създания. Сатаната подстрекавал Адам да следва греховната същност и неговото чисто и безгрешно сърце станало греховно и порочно.

Във вашия ежедневен живот, сигурно сте чували израза „Не е по-добър от животно". Медиите често говорят за хората, които приличат на животни. Заради собствената изгода, те често лъжат и мамят своите съседи, клиенти, приятели и роднини. Родителите и децата се мразят взаимно и понякога изглежда, че ще се убият едни други.

Хората се осмеляват да вършат такива грехове, защото

душата е завладяла човека след смъртта на духа и те са загубили Божия образ заради греховете си. Като животни, създадени само от душа и от тяло, тези хора не могат да идат в небесата, нито да нарекат Бога „Авва Отче". Исус бил роден в кошара, за да изкупи хората, които не са по-добри от животни.

Исус е истинска духовна храна

Исус бил положен в ясли – съд за храна на коне, за да представлява истинска духовна храна за хората, които не са по-добри от животни (Йоан 6:51).

С други думи, Божието провидение било да поведе хората към пълно спасение като им позволи да възстановят загубения образ на Бога и да изпълни всичките им задължения. Кои са всички задължения на хората? Еклесиаст 12:13-14 ни дава известен отговор:

Нека чуем края на цялото слово: Бой се от Бога и пази заповедите Му, понеже това е всичко за човека. Защото относно всяко скрито нещо Бог ще докара на съд всяко дело, било то добро или зло.

Какво означава „Бой се от Бога"? Притчи 8:13 гласи: „*Страх от Господа е да се мрази злото. Аз мразя гордост и високомерие, лош път и извратени уста.*" Следователно да вярваш в Бога не означава да приемаш злото, а да отхвърлиш всяко зло от сърцето си.

Ако наистина се страхувате от Бога, трябва да направите всичко възможно да отхвърлите злото, да се борите против греха и да се откажете от него, проливайки кръв. Както студентите, които учат усилено, за да си осигурят по-добро бъдеще, трябва да направите всичко възможно да имате страх от Бога и да изпълните всички задължения на хората, за да се радвате на Божията любов и благословия.

В Библията ще намерите Божиите заповеди към хората под формата на: „Прави това", „Не прави онова", „Пази това", „Отхвърли онова". От една страна, Бог ни казва, че това, което трябва да правят хората е „да се молят, да се обичат, да благодарят и т.н." От друга страна, Бог ни заповядва да не вършим неща, които водят до смърт като омраза, изневяра и пиянство.

Той ни казва също да спазваме определени заповеди като: „Пази свят съботния ден", „Спазвай своите обещания" и др. Бог също ни призовава да отхвърлим всичко вредно: „Избягвайте всяка форма на злото", „Не бъдете алчни" и др.

Задължението на човека е да се страхува от Бога и да спазва Неговите заповеди. Бог ще ни държи отговорни за всички дела в деня на Страшния съд, за всичко скрито - независимо дали е добро или лошо. Ето защо, когато живеете като животни без да спазвате задълженията на хората, нормално да отидете в ада според Божията присъда.

По същия начин Исус бил роден в кошара и положен в ясли, за да изкупи хората, които не са по-добри от животни и за да стане за тях истинска духовна храна.

Животът на Исус в бедност

Йоан 3:35 казва: *„Отец обича Сина и е предал всичко в Неговата ръка."* В Колосяни 1:16 пише: *„Понеже чрез Него бе създадено всичко, което е на небесата и на земята, видимото и невидимото, било престоли или господства, било началства или власти, всичко чрез Него бе създадено".* С други думи, Исус е единственият Син на Създателя Бог и Господ на всички неща на небето и на земята.

Защо тогава дошъл скромно и живял бедно на този свят, след като имал божествена природа и бил богат?

За да изкупи хората от бедност

2 Коринтяни 8:9 гласи: *„Защото знаете благодатта на нашия Господ Исус Христос, че като беше богат, за вас стана сиромах, за да се обогатите вие чрез Неговата сиромашия".* Този стих представя провидението за удивителната любов на Бога. Исус, макар и да бил Цар на царете, Бог на боговете и единствен Син на Създателя Бог, изоставил всяка небесна слава, дошъл на този свят и живял бедно,

понасяйки пренебрежението и презрението на хората, за да ги изкупи от бедността.

В началото Бог създал човека, за да събира и да яде плодове без усилие и да се радва на благодатен живот без затруднения. След като първият човек Адам не се подчинил на Бога, хората могли да се хранят едва след тежка работа и пот на челото. Ето защо, хората често живеят в нужда и бедност.

Бедността сама по себе си не е грях и Исус не е пролял кръвта Си, за да ни спаси от бедност. Бедността е проклятие, извършено след неподчинението на Адам и Исус ни направил богати като живял в бедност.

Някои хора казват, че оскъдният живот на Исус означава духовна бедност. Въпреки това, Исус бил заченат от Светия дух и е едно с Бащата Бог и не е правилно да мислим, че Той е бил духовно беден.

Не трябва да забравяте факта, че Исус е живял бедно, за да ни изкупи от бедност и да живеем охолно с благодарност за любовта и милосърдието на Бога.

Някои хора казват, че не е правилно да се молим за пари. Други считат, че ако сме християни, трябва да живеем в бедност. Това не е Божията воля.

В Библията може да прочетете много благословии. Например, във Второзаконие 28:2-6 пише:

И всички тези благословения ще дойдат върху теб и ще те придружават, ако слушаш гласа на Господа, твоя Бог. Благословен ще бъдеш в града и благословен ще бъдеш на полето. Благословено ще бъде роденото от тебе, плодът на земята ти и роденото от добитъка ти, малките на говедата ти и овцете ти; благословени кошът ти и нощвите ти. Благословен ще бъдеш при влизането си и благословен ще бъдеш при излизането си през градската порта.

3 Йоаново 1:2 ни призовава: *„Възлюбени, моля се да благоуспяваш във всичко и да си здрав, както благоуспява душата ти."* Всъщност, избраните от Бог хора като Авраам, Исаак, Яков, Йосиф и Данаил, са водили благодатен живот.

Да водите благодатен живот

В Своята справедливост Бог ви дава да ожънете, каквото сте си посели. Така, както родителите искат да дадат на децата си най-доброто, нашият любящ Бог иска да ни даде всичко, за което Го молим с вяра (Марко 11:24).

Бог иска да ви даде отговори и благословии, но вие не можете да получите нищо ако не питате или ако искате без проникновение. Ето защо ако искате да пожънете нещо без нищо да сте посели, вие се подигравате на Бога и нарушавате духовния закон.

Някой може да каже: "Искам да посея, но не мога, защото съм много беден". В Библията можете да намерите много хора, които са били много бедни, но са направили всичко възможно да посеят, за което са били щедро благословени като награда.

В 1 Царе 17 четем, че в продължение на три и половина години е имало глад на земята. Докато гладът продължавал, една вдовица от Сарепта Сидонска нахранила пророк Илия с малка питка и малко масло, което било всичко, което имала. Бог толкова бил доволен, че дала храна на служителя Му, че я благословил щедро: брашното и олиото в дома й никога не свършили преди Бог отново да изпрати дъжд на земята (1 Царе 17:14).

Една бедна вдовица по времето на Исус оставила в храма две дребни монети, които не стрували и едно пени. Въпреки това Исус я похвалил, казвайки че е сложила повече пари от всички други. Това било така, защото тя дарила от бедност и дала всичко което има – докато другите давали част от богатството си (Марко 12:42-44).

Най-важна е нагласата ви да дадете всичко на Бога. Бог не вижда количеството, което дарявате, но усеща вярата и любовта ви, съдържащи се в дарението и щедро ви благославя.

Бичували Го и пролял кръвта Му

Преди да Го разпънат на кръст, римските войници се

присмивали и се подигравали на Исус като Го удряли по лицето, плюли Го и т.н. Те бичували Исус с дълъг кожен камшик.

Римските войници по онова време били най-силните, най-дисциплинираните и най-здрави сили на света. Колко голяма е била болката, когато свалили дрехите Му и Го налагали? Когато биели тялото Му с камшика, плътта се разкъсвала, костите се оголвали и кръвта бликвала.

За да изпълни пророчеството на Исая: „*Гърба си предадох на биене и бузите си - на скубачите на коси; не скрих лицето си от безчестие и заплювания.*" (Исая 50:6), Исус не се опитал да избегне бичуването.

За да излекува болестите и недъзите

Защо бичували Исус и пролял кръвта Си? Защо Бог позволил това да се случи на Сина Му? Исая 53 обяснява целта на страданията на Исус и Неговата злочестина:

Но Той беше наранен поради нашите престъпления, беше бит поради нашите беззакония; върху Него дойде наказанието, донасящо нашия мир, и с Неговите рани ние се изцелихме. Всички ние се заблудихме като овце, отбихме се всеки в своя път; и Господ възложи на Него беззаконието на всички ни. (Исая 53:5-6).

Исус бил пронизан и убит заради нашите нарушения и прегрешения. Той бил наказан и пролял кръвта Си, за да ни освободи от всички болести.

В Матей 9, когато Исус излекувал паралитика, който лежал на постелката, Той първо разрешил проблема с греха му с думите: „Греховете ти са простени". Едва тогава Исус му казал да се изправи, да вземе постелката и да си иде у дома."

В Йоан 5 след като Исус излекувал човек, който бил инвалид от 38 години, Той му казал: *„Ето, ти си здрав; не съгрешавай вече, за да не те сполети нещо по-лошо."* (Йоан 5:14).

Библията казва, че болестите ни сполетяват заради греховете. Ето защо се нуждаем от някой, който да разреши проблема с греховете ни, за да оздравеем. Без проливане на кръв, няма прошка (Левит 17:11).

По времето на Стария завет, когато някой съгрешавал, свещеникът убивал животно като изкупителна жертва. Въпреки това, вече не е нужно да се убиват животни, защото Исус дошъл на земята като човек от плът и пролял Своята чиста и неопетнена кръв. Свещената кръв на Христос изкупила греховете на всички хора от миналото, настоящето и бъдещето.

За да оздравеете от болестите и от недъзите

Матей 8:17 гласи: *„За да се сбъдне изреченото чрез пророк Исая, който казва: ,Той взе на Себе Си нашите* немощи и болестите ни понесе. '" Ако знаете защо Исус е бил бичуван и защо е пролял кръвта Си, ако вярвате в Него, няма да страдате от болести и недъзи.

1 Петрово 2:24 гласи: „*Който сам понесе в тялото Си нашите грехове на дървото, така че като сме умрели за греховете, да живеем за правдата; с Чиито рани вие оздравяхте.*" Според горния стих Исус вече е освободил човечеството от греховете.

Защо някои хора са болни, макар и да вярват в Исус?

Бог казва в Изход 15:26: „*Ако внимателно слушаш гласа на Господа, своя Бог, и вършиш онова, което Му е угодно, и слушаш заповедите Му, и пазиш всичките Му наредби, няма да те поразя с нито една от болестите, с които поразих египтяните; защото Аз съм Господ, Който те изцелявам.*" Това означава, че няма да се разболеете ако сте праведни в очите на Бога, защото Бог ви предпазва от болестите.

Нека разгледаме един пример. Когато едно дете се прибере вкъщи и плаче, защото съседското дете го е набило, родителите може да реагират различно според вярата си.

Някои от тях ще кажат: „Защо винаги те бият? Ако те ударят един път, отвърни им и ти с два или три удара". Други може да отидат да се срещнат с родителите на другото дете и да се оплачат от него. Някои не реагират по тези начини, но остават възмутени или ядосани.

Бог казва да преодолеете злото с добро, да обичате дори враговете си и да търсите мир с всички: „*Не се противете на злия човек; но ако те удари някой по дясната буза, обърни му и другата."* (Матей 5:39).

Следователно, ако вие сте праведни в очите на Бога, няма да е трудно да спазвате заповедите Му. Когато продължавате да се молите и да правите всичко, което можете, обзема ви Божията благословия и сила и вие лесно може да правите всичко с помощта на Светия дух.

Ако отхвърлите греховете и вършите само добро в очите на Бога, няма да ви сполетят болести. Дори и да се разболеете, Лечителят Бог прощава греховете ви и ви излекува напълно, когато се опитате да разберете кое не е правилно и се покаете от все сърце.

Дори и да признавате с устни, че Бог е всемогъщ, ако живеете светски или отивате в болницата, когато сте зле, Бог не е доволен от вас, защото това доказва, че вие не вярвате истински във Всемогъщия Бог (2 Летописи 16).

Носейки корона от тръни

Короната е предназначена за царя със знатни дрехи. Макар че Исус бил единственият Син на Бога, Царят на всички царе и Бог на боговете, Той носил корона от дълги и остри тръни вместо красива корона от злато, сребро и скъпоценни камъни.

Тогава войниците на управителя заведоха Исус в преторията и събраха около Него цялата рота.

И като Го съблякоха, облякоха Го в червена мантия. Сплетоха венец от тръни и го наложиха на главата Му, и сложиха тръстикова пръчка в дясната Му ръка; и като коленичеха пред Него, подиграваха Му се, като казваха: Здравей, Царю Юдейски! И Го заплюваха, взеха тръстиковата пръчка и Го удряха по главата. (Матей 27:27-30).

Римските войници усукали тръни, за да направят тясна корона за Исус и я сложили на главата Му. Тръните проболи главата и челото Му и кръвта се стичала по лицето Му. Защо позволил Всемогъщият Бог Неговият единствен син да носи корона от тръни, да страда от болка и да пролива кръвта Си?

Първо, Исус носил корона от тръни, за да ни изкупи от греховете, извършени в мислите ни.

Когато човекът, създаден от Бога, общувал с Него и спазвал словото Му, той не извършвал грях, мислите му били праведни и спазвал волята Му.

Въпреки това, змията го изкушила, приел мисълта на дявола и скоро съгрешил. Той никога преди това не бил мислил да опита плода на дървото на познанието на доброто и злото. След като бил изкушен го опитал, защото изглеждал годен за ядене, приятен за окото и желан, за да донесе мъдрост.

По същия начин Сатаната, който накарал първите

хора Адам и Ева да не се подчинят на Бога, сега се опитва да ви накара да съгрешавате в мислите си.

В човешкия мозък има клетки, отговорни за паметта. След вашето раждане, всичко, което сте чули, видели и научили се съхранява от тях с вашите собствени чувства към определени събития, хора и информация. Ние наричаме всичко това „знание". Това, което наричаме „мисъл" е процес на възпроизводство на тези съхранени знания чрез делата на душата ви.

Хората са израснали в различна среда. Те са чули, видели и научили различни неща и техните спомени също се различават. Дори и това, което са чули, видели и научили да е едно и също, всеки от тях е изпитвал различни чувства и е неизбежно хората да имат различна система от ценности.

Божието слово често пъти не съвпада с нашите знания и теории. Например, вие може да мислите, че за да се издигнете, трябва да вървите напред преди другите. Въпреки това, Бог ви учи, че който смири себе си, ще се възвиси (Матей 23:12).

Повечето хора мислят, че е съвсем нормално да мразят врага си, но Бог ви казва „Обичайте враговете си" и *„Ако е гладен неприятелят ти, нахрани го; ако е жаден - дай му да пие."*

Божиите мисли са духовни, а човешките мисли са плътски. Сатаната ви дава плътски мисли, за да избягвате Бога, пречи ви да получите истинска вяра и ви води по светски пътища, които завършват с прегрешение и вечна смърт.

В Матей 16:21 и следващите стихове, Исус обяснява на учениците Си, че ще изпита много страдания, че ще Го убият на кръста и ще възкръсне на третия ден след смъртта Си. Когато чул това, Петър придърпал Исус и Го порицал: „Бог да Ти се смили, Господи; това никак няма да стане с Теб." (стих 22). Исус се обърнал и му отговорил ядосано: *„Махни се от Мене, Сатана; ти си Ми съблазън; защото не мислиш за Божиите неща, а за човешките."* Когато Исус казал разгневено: „Махни се от Мене, Сатана", (стих 23) Той нямал предвид, че Петър бил Сатана, а че Сатаната бил онзи, който действал в мислите на Петър, за да осуети Божието дело.

Това било защото Исус трябвало да носи кръста за спасението на човечеството според Божията воля, но Петър се опитал да Му попречи да изпълни Божия план с неговите плътски мисли.

Апостол Павел пише в 2 Коринтяни 10:3-6:

Защото, ако и да живеем в плът, по плът не воюваме. Защото оръжията, с които воюваме, не са плътски, но пред Бога са силни за събаряне на крепости. Понеже събаряме помисли и всичко, което се издига високо против познанието на Бога, и пленяваме всеки разум да се покорява на Христос. И сме готови да накажем всяко непослушание, щом стане пълно вашето послушание.

Трябва да оборите вашите собствени аргументи и мотиви, които са установени и често са в разрез с Божието царство. Подчинете всяка мисъл на Христос, за да живеете според истината и тогава ще станете човек с дух и вяра.

Отхвърлете мисълта, че трябва да отвърнете на удара, защото такава плътска мисъл е против истината.

Следователно, трябва да изоставите всички грехове, идващи в мислите ви. За да разрешите изцяло проблема с греховността, трябва преди всичко да преодолеете похотта на плътта, сладострастието в очите ви и гордостта от живота. Това са греховните мисли, на които се радва дяволът.

Похотта на плътта, тоест мислите, произлизащи в ума, са желания против Божията воля. Галатяни 5:19-21 изрежда тези дела на плътта:

> *А делата на плътта са явни; те са: блудство, нечистота, сладострастие, идолопоклонство, магьосничество, вражди, разпри, ревнувания, ярости, партизанства, раздори, разцепления, зависти, пиянства, пирувания и други подобни; за които ви предупреждавам, както ви и предупредих, че които вършат такива неща, няма да наследят Божието царство.*

Само желанието да направите това, което Бог ви забранява, е дело на плътта. Сладострастието в очите означава, че мислите на човека в голяма степен са повлияни от това, което вижда и чува и той започва да изпитва желания. Когато човек обича света търси дела на плътта, само тези желания изглеждат ценни и нищо не може да го задоволи.

Гордостта се заражда в онзи, който се наслаждава на светските удоволствия в стремежа си да задоволи сладострастието и похотта си. Това се нарича гордост от живота.

За да ни изкупи от всички видове неморалност, беззаконие и зло, Исус носил корона от тръни и пролял кръвта Си, тъй като само Неговата чиста и непорочна кръв можела да ни спаси от греховете, извършени в мислите.

Второ, Исус носил корона от тръни, за да могат хората да носят по-добри корони на небето.

Другата причина, поради която носил корона от тръни била да ви даде възможност да носите по-добри корони. Тъй като ви изкупил от бедността и ви дал богатство като живял бедно, носил корона от тръни, за да ви позволи да получите по-добри корони на небето.

В небесата има огромен брой корони, подготвени за децата на Бога. Има награди като златни, сребърни и бронзови медали, отдавани на печелившите според мястото, до което са стигнали в спортното състезание. По същия начин на небето има различни корони.

Съществува *нетленна корона*, описана в 1 Коринтяни 9:25: „*А всеки, който се състезава, се въздържа от всичко. Те вършат това, за да получат тленен венец, а ние - нетленен.*" Нетленната корона е подготвена за децата на Бога, които се стремят да се откажат от греховете. Корона на славата е подготвена за онези, които отхвърлят греховете, живеят праведно според Божието слово и Го възхваляват (1 Петрово 5:4). Короната на живота е подготвена за онези, които обичат Бога, предани са Му до смърт и стават свети като се отказват от всички злини (Яков 1:12; Откровение 2:10).

Короната на правдата получават онези, които като апостол Павел стават свети, отричат се от греховете и постигат изцяло мисията си според Божията воля (2 Тимотей 4:8).

Откровение 4:4 гласи също: „*И около престола имаше двадесет и четири престола и видях, че на престолите седяха двадесет и четирима старейшини, облечени в бели дрехи, и на главите им златни венци.*" Златната корона е подготвена за онези, които достигнат равнището на старейшини и които ще придружават Господ в Новия Ерусалем.

Тук под „старейшини" не се разбират хората, които получават такова звание в църквите на този свят, а описват хората, признати от Бога за водачи, защото са свети и предани в целия Му дом и имат непоклатима вяра.

Бог дава различни корони на децата Си в зависимост

от степента, в която отхвърлят греховете и постигат Божията мисия. Божиите деца ще бъдат велики на небето и ще получат по-красиви корони ако не мислят как да задоволят желанията на греховната си природа и постъпват праведно според Божията воля (Римляни 13:13-14), ако душата им е спокойна, живеейки според духа (Галатяни 5:16) и ако стриктно изпълняват своята мисия и задължения!

По същия начин, Христос ви изкупил от всички извършени грехове като носил корона от тръни и пролял кръвта Си. Колко благодарни трябва да бъдете, защото подготвя за вас по-красиви корони на небето според степента на вярата ви и изпълнението на вашата мисия!

Следователно, трябва да осъзнаете колко е великолепно да заслужите такава корона като притежавате сърцето на Господ, отхвърляте всеки грях, изпълнявате мисията си и сте предани в целия дом на Бога. Надява, се да получите най-хубавата корона за вас на небето.

Дрехите на Исус

Исус, който носил корона от тръни и кръвта Му течала по тялото от камшиците, стигнал Голгота, мястото на разпятието. Когато Римските войници разпънали Исус на кръста, те взели дрехите Му и ги разделили на четири части, по една за всеки от тях. Те не раздрали долната дреха, а хвърлили жребий за нея:

А войниците, като разпънаха Исус, взеха горните Му дрехи и ги разделиха на четири дяла, на всеки войник по един дял; взеха и долната дреха. А долната дреха не беше шита, а изтъкана цяла от горе до долу; затова те казаха помежду си: Да не я раздираме, а да хвърлим жребий за нея - чия да бъде; за да се изпълни написаното, което казва: „Разделиха си дрехите Ми и за облеклото Ми хвърлиха жребий." И така, войниците направиха това. (Йоан 19:23-24).

Защо Библията разказва подробно за дрехите на Исус? Историята на Израел от 70 година след Христа е свързана пряко с духовния смисъл на тази случка.

Бичуван и разпънат на кръст

Според Матей 27:22-26, по молба на израилтяните, които не разпознали Исус като Месията, Исус бил осъден да бъде разпънат от Пилат Понтийски след като бил подигран и презрян по различни начини.

След като Му положили корона от тръни, след като Му се присмивали и охулвали, Той носил кръста до Голгота, мястото на разпятието. Пилат заповядал на войниците да надпишат обвинението над главата Му, което гласяло: *„Този е Исус, Юдейският Цар."* (Матей

27:37).

Надписът бил на еврейски, латински и гръцки език. Еврейският бил традиционният език на евреите, избраниците на Бога. Латинският бил официалният език на Римската империя, най-могъщата нация за времето си и гръцкият език преобладавал в световната култура. По този начин известието, написано на три езика, символизира факта, че целият свят наистина разпознал Исус като Цар на евреите и Бог на боговете.

След като прочели написаното, в Йоан 19:21-22, много евреи протестирали пред Пилат да не бъде написано „Цар на евреите", а да пише: „Той каза": „Аз съм Цар на евреите". Въпреки това, Пилат им отговорил: „Каквото съм написал, написал съм" и го оставил непроменено. Това означава, че дори и Пилат признал Исус за Цар на евреите.

Тъй като Пилат признал Исус за цар на евреите, Той наистина е единственият Син на Бога, Цар на царете и Бог на Боговете. При все това, пред очите на много хора, Исус бил съблечен и разпънат на кръста. По този начин Той понесъл сърцераздирателен срам.

Ние живеем в този порочен свят, забравяйки за задълженията на хората и за да ни изкупи от всички видове срам, пороци, слабости, беззакония и неморалност, Исус – Царят на царете бил съблечен и изпитал срам пред очите на хората. Ако разберете духовния смисъл на това събитие, не може да не изпитвате благодарност за него.

Раздиране дрехите на Исус на четири части

Римските войници съблекли Исус и Го разпънали на кръста. Те свалили дрехите Му, раздрали ги на четири части и хвърлили жребий за долната дреха.

Предполага се, че дрехите Му не били скъпи нито красиви. Защо тогава войниците ги разделили на четири части?

Дали са знаели в своето провидение, че Исус ще получи честта да бъде Месията и са искали да притежават поне част от дрехите Му, за да ги предадат на потомците си като ценна семейна реликва? Не, не било така.

Псалми 22:18 проповядва: *„Разделиха си дрехите ми и за облеклото ми хвърлиха жребий.”* Бог позволил на Римските войници да свалят дрехите Му, за да се изпълни този стих (Йоан 19:24).

Какъв е тогава духовният смисъл на Неговите дрехи? Защо раздрали дрехите Му на четири части - по една за всеки от тях? Защо не разделили долната Му дреха? Защо Бог позволил тази история да бъде написана предварително?

Тъй като Исус е цар на евреите, дрехите Му символизират Израел или израилтяните. Римските войници раздрали одеждите Му на четири части и те загубили формата си. Това означава унищожението на израелската нация. Това означава също, че името Израел ще продължи да съществува, както и отделните части от дрехите Му. В крайна сметка думите, написани за дрехите Му предричат, че евреите ще бъдат разпръснати на всички посоки в резултат от разрушаването на държавата им. Историята на Израел свидетелства за изпълнението на това пророчество.

Четиридесет години след смъртта на Исус на кръста, Римският генерал Тит унищожил Ерусалим. Божият храм бил разрушен напълно без да остане нито камък. Израелската държава престанала да съществува, евреите се разпръснали навсякъде, били преследвани и убивани. Това обяснява защо израилтяните живеят пръснати в целия свят дори и в днешно време.

Матей 27:23 представя печалната сцена, в която Пилат разказва на порочната тълпа, че Исус е невинен, но те завикали още по-силно, че трябвало да Го разпънат. Пилат измил ръцете си и им казал, че не е отговорен за смъртта Му: *„Аз съм невинен за кръвта на Този праведник; вие му мислете"* (стих 24). Тълпата отговорила: *„Кръвта Му да бъде върху нас и върху децата ни!"* (стих 25).

Историята на Израел ясно показва, че много евреи и техните потомци пролели кръвта си сякаш, за да изпълнят своите искания към Пилат Понтийски.

Четири десетилетия след смъртта на Исус, 1.1 милиона евреи били убити. По време на Втората световна война, нацистка Германия унищожила шест милиона евреи. Филмът „Списъкът на Шиндлер" представя трагични сцени, в които евреите, независимо от своята възраст и пол, били убивани голи. Дори на престъпника е позволено да облече чисти дрехи преди екзекуция, но евреите били събличани голи преди да бъдат убити.

Израилтяните не разпознали Исус като Месията, съблекли Го гол и Го разпънали. Те крещели: *„Кръвта Му да бъде върху нас и върху децата ни!"* и ги сполетели ужасни страдания за векове.

Долната дреха на Исус не била шита, а изтъкана цяла от горе до долу

Йоан 19:23 представя долната дреха на Исус: *„долната дреха не беше шита, а изтъкана цяла от горе до долу."* Тук, „не била шита" означава, че дрехата не се състояла от няколко парчета плат, зашити заедно. Повечето хора не обръщат внимание как са ушите дрехите им, дали са изтъкани отгоре надолу или отдолу нагоре. Защо Библията описва подробно долната дреха на Исус?

Библията казва, че праотецът на всички хора бил Адам, праотецът на вярата бил Авраам и праотецът на евреите бил Яков. Бог казва, че праотецът на Израел не е Авраам, а Яков, защото дванадесетте племена на Израел произлизат от дванадесетте сина на Яков. Основателят на израелската нация е Яков, въпреки че праотецът на вярата е Авраам.

Бог благославя Яков в Битие 35:10-11:

> *Бог му каза: Името ти наистина е Яков; но няма да се наричаш вече Яков, а Израел ще ти бъде името. И го наименува Израел. Бог му каза още: Аз съм Бог Всемогъщий; плоди се и се размножавай. Народ, даже редица народи ще произлязат от теб и царе ще излязат от чреслата ти.*

Според Божието слово в тези стихове дванадесетте сина на Яков положили основата на Израел и Израел бил обединена държава до нейното разделяне от Цар Ровоам на Северен Израел и Юдея на юг.

По-късно, Северен Израел се смесил с не евреите, но Юдея останала обединена. В днешно време хората от Юдея са наречени евреи. Фактът, че дрехата на Исус не била шита, а изтъкана от долу догоре от една част означава, че израилтяните запазили своята сплотеност и идентичност като потомци на Яков до наши дни.

Хвърлили жребий за дрехата на Исус без да я раздират

В този случай дрехата символизира сърцето на хората. Тъй като Исус е цар на Израел, дрехата Му представя сърцето на евреите.

Израилтяните, като Божи хора, избрани чрез своя праотец на вярата Авраам, са възхвалявали истинския Бог над всичко. Фактът, че те не разделили дрехата означава, че духът на еврейските хора, които възхвалявали Бога, бил добре съхранен, въпреки унищожението на израелската нация и нейното управление.

Всъщност, Библията предрича, че не евреите не са могли да заличат духа на израилтяните, установен дълбоко в сърцата им. С други думи, вярата им била поддържана въпреки унищожението им. Тъй като притежавали такива неизменими сърца, Бог избрал израилтяните за Негови хора и ги използвал, за да основе царството и праведността Си.

Дори и днес израилтяните се опитват да спазват закона с неизменни сърца. Това е защото те са потомци на Яков и самият той имал неизменно сърце. Израилтяните изненадали целия свят като получили независимост на 14 май, 1948 година, дълго време след като загубили държавата си. След това те се разраснали бързо като напреднала и влиятелна държава и те отново показали своя национален дух и превъзходство.

Така, както Римските войници не могли да раздерат долната дреха на Исус, която била изтъкана от едно парче плат, не евреите не могат да унищожат духа на израилтяните, които прославят Бог. В крайна сметка израилтяните като потомци на Яков, установили своята независима държава и изпълнили Божията воля като Негови избраници.

Израел в края на времената, предсказан в Библията

Така, както Бог предсказал историята на Израел чрез дрехите на Исус, Той ни представил също последните дни на света.

Езекил 38:8-9 гласи:

> *След много дни ще бъдеш наказан; в следващите години ще дойдеш в земята, която е била отървана от меча и е била събрана от много племена, върху Израелевите планини, които са били непрекъснато пусти; но Израел беше пренесен измежду племената и те всички ще живеят в нея в безопасност. И ти, като излезеш, ще дойдеш като вихрушка; ще бъдеш като облак, за да покриеш земята, ти и всички твои пълчища, и много племена с тебе.*

„След много дни" в стиха означава времето от раждането на Исус до Второто Му пришествие и „в следващите години" означава последните години преди Второто пришествие. „Израелевите планини" представя Ерусалим, който е разположен на височина около 760 метра над морското равнище. Следователно думите, че в следващите години много хора ще се съберат от много страни предричат, че израилтяните ще се завърнат в земите си от целия свят, когато наближи завръщането на Исус.

Това предсказание се сбъднало с унищожението на Израел от Римската империя през 70 година след Христа и с неговото получаване на независимост през 1948 г. Израел бил опустял преди да стане независим, но се превърнал в една от най-развитите страни на света.

Новият завет също предсказва независимостта на Израел. Исус казва в Матей 24:32-34:

> *И научете притчата от смокинята: Когато клоните й вече омекнат и развият листа, знаете, че лятото е близо. Също така и вие, когато видите всичко това, да знаете, че Той е близо при вратата. Истина ви казвам: Това поколение няма да премине, докато не се сбъдне всичко това.*

Това бил отговорът на Исус към учениците Му, които Го попитали за знамението за Второто пришествие и за края на времената.

Смокиновото дърво в стиха се отнася за Израел. Когато листата на дървото окапват и духа студеният вятър, вие знаете, че зимата наближава. По същия начин, веднага щом клоните на дървото станат зелени и листата поникнат, вие знаете, че наближава пролетта. С тази притча Исус обяснява, че когато Израел бъде възстановен от дългите години на разрушение, тоест, когато израилтяните получат независимост, ще наближи завръщането на Исус.

Вие не знаете колко късно е „това поколение", което Исус споменава в стиха, но вие знаете, че това, което е казал, със сигурност ще се сбъдне. Вие вече станахте свидетели на независимостта на Израел, така че е лесно да предположим, че Второто пришествие наближава.

Знамения за края на времената

В Матей 24, когато учениците Му попитали за знамения за края на времената, Исус им дал подробно описание. Въпреки това, Той не споменал точна дата и час: *„А за онзи ден и час никой не знае, нито небесните ангели, нито Синът, а само Отец."* (Матей 24:36).

Това означава единствено, че Той като Син на Човека, дошъл от плът на този свят, не е знаел точната дата и час. Това не означава, че Христос като част от Триединството не е знаел това след Неговото разпятие, възкресение и възнесение на небето.

Като казал много неща за знаменията за края на времената, Исус ви предупредил: *„И това благовестие на царството ще бъде проповядвано по целия свят за свидетелство на всички народи; и тогава ще дойде краят."* (Матей 24:12-13).

Днес може да усетите осезаемо, че е нараснала порочността и любовта е охладняла. Трудно ще намерите чистосърдечие. Исус казал в Матей 24:14: *„И* *това благовестие на царството ще бъде проповядвано по целия свят за свидетелство на всички народи; и тогава ще дойде краят."*

Евангелието вече се проповядва по четирите краища на земята.

Освен това, ние живеем в „глобален свят" и всяко място е достъпно за транспортиране или комуникация. Този феномен също е бил предсказан в Даниил 12:4: *„А ти, Данииле, затвори думите и запечатай книгата до края на времето, когато мнозина ще я изследват и знанието за нея ще се умножава."* Евангелието бързо се разпространява по целия свят в такива условия.

Вярно е, че дори и евангелието да се проповядва в целия свят, пак има хора, които не приемат Христос, защото не отварят сърцата си. Може да има също отдалечени места, където все още да не достига евангелието.

Всички пророчества в Стария завет са били изпълнени, както и повечето пророчества в Новия завет. Цялата Библия е вдъхновена от Светия дух. По този начин Божието слово е правилно и не съдържа грешки. Дори и последната буква няма да бъде променена в Словото. Бог изпълнил думите и обещанията Си и само няколко неща остават неизпълнени, включително Второто пришествие на нашия Господ Исус Христос, Седемте години на Големи страдания, Новото хилядолетие и Великият съд на Белия трон.

Закован за ръцете и краката

Разпъването на кръст представлявал един от най-жестоките методи за екзекуция на убийците или предателите. Ръцете били разпъвани на дървен кръст. Човекът бивал закован през ръцете и през краката. Той висял на кръста дълго време. Така страдал от ужасна болка до последното си издихание.

Исус – Синът на Бога, вършил само добро и нямал грехове на този свят. Защо тогава ръцете и краката Му били заковани и Той пролял кръвта Си на кръста?

Болката от заковаването през ръцете и краката

Исус бил осъден да умре на кръста и стигнал до мястото на екзекуцията - Голгота. Един римски войник, който държал голям железен пирон и друг, който държал чук, започнали да заковават ръцете и краката Му по заповед на центуриона. Тогава издигнали кръста. Можете ли да си представите колко болезнено е било това?

Невинният Исус трябвало да страда от болки, когато забивали пироните в тялото Му и когато Го издигнали на кръста и прободената плът се разкъсала от тежестта.

При обезглавяване на човека, болката е мигновена. Смъртта на кръста била много по-мъчителна, защото човекът бил заковаван, кървял и страдал от дехидратация и изтощение до момента на своята смърт.

Освен това в слънчевите дни в пустинята всякакви видове насекоми и паразити нападнали разкъсаното Му тяло, за да смучат кръвта Му, течаща от раните на прободените ръце и крака. Злите хора го сочили с пръст, плюели Го, подигравали се и Го проклинали като Го обиждали. Някои дори Го презирали: *„Ти, Който разрушаваш храма и за три дни пак го съграждаш, спаси Себе Си. Ако си Божий Син, слез от кръста."* (Матей 27:40).

Непоносими болки съпътствали Исус по време на разпятието, но въпреки тях, Исус знаел много добре, че понасяйки греховете и проклятията чрез смъртта Си на кръста, откривал пътя за спасение на човечеството и за превръщането на хората в Божии деца. Друг бил източникът на истинската Му болка. Все още имало хора, които не познавали Божието провидение или не били спасени заради греховете си. Това Му причинявало по-голяма болка.

Грехове, извършени с ръце и крака

След зачеване на греховната мисъл в сърцето, то подбужда ръцете и краката да извършат грях. Тъй като според духовния закон отплатата на греха е смърт, когато съгрешавате, трябва да идете в ада и да страдате вечно.

Ето защо Исус казва: *„И ако кракът ти те съблазни, отсечи го; по-добре е за тебе да влезеш в живота куц, отколкото да имаш двата си крака и да бъдеш хвърлен* *в пъкъла където ,червеят им не умира и огънят не угасва'. И ако окото ти те съблазни, извади го; по-добре е за тебе да влезеш в Божието царство с едно око, отколкото да имаш двете си очи и да бъдеш хвърлен в пъкъла."* (Марко 9:45-47).

Колко пъти от вашето раждане сте извършили грехове с ръцете и краката си? Някои хора в гнева си бият другите. Някои хора крадат, а други загубват имуществото си на хазарт. Хората стават ожесточени с краката си и отиват там, където не трябва да ходят. Ето защо, ако краката ви пораждат грях, по-добре е да ги отрежете и да идете на небето, отколкото да попаднете в ада с два крака.

Колко грехове сте извършили с очите си? Алчността и изневярата ви погубват, когато видите нещо, което не трябва да гледате. Ето защо Исус казва, че ако очите ви пораждат грях, по-добре е да ги избодете и да идете на небето, отколкото да попаднете в ада след като сте съгрешили с тях.

По времето на Стария завет, ако човек съгрешавал с очите си, те били изтръгвани; ако човек съгрешавал с крака и с ръце, те били отрязвани; ако човек извършвал убийство или изневерявал, той бил убиван с камъни (Второзаконие 19:19-21).

Без страданието на Исус Христос на кръста дори и в днешно време, децата на Бога трябваше да режат ръцете и краката си ако съгрешават с ръце и крака. Въпреки това, Исус поел кръста, проболи ръцете и краката Му и пролял кръвта Си. По този начин изкупил греховете, извършени с вашите ръце и крака и повече няма нужда да страдате или да заплащате цената на вашите грехове. Колко велика е любовта Му!

Трябва да помните, че Той Ви пречиства от всички грехове ако вървите в светлината, защото Той е светлина и ако изповядвате греховете си и се обръщате към Него (1 Йоаново 1:7).

Ето защо е много важно да изпълните сърцето си с истина, за да водите славен живот с благодарно и милостиво сърце към Бога.

Краката на Исус не били счупени, но тялото Му било пронизано

Денят, в който Исус умрял, бил Петък, денят преди Свещената събота. В онези дни съботните дни се почитали за свещени и евреите не искали телата да висят по кръстовете в събота.

Ето защо, както може да прочетете в Йоан 19:31, евреите поискали от Пилат Понтийски да счупят краката и да свалят телата.

С разрешението на Пилат Понтийски, войниците счупили краката на крадците, които били разпънати от двете страни на Исус, но не и Неговите, защото вече бил мъртъв. В онази епоха, разпънатите на кръст били считани за прокълнати и затова войниците счупвали краката им. Следователно, има божествено провидение във факта, че не счупили краката на Исус.

Защо не счупили краката на Исус?

Исус, който нямал грехове, бил прокълнат и разпънат на кръста, за да изкупи хората от проклятието на закона. Сатаната не успял да счупи краката Му не защото Исус умрял заради греховете Си, а в изпълнение на Божието провидение.

Освен това, Бог предпазил Исус от счупване на краката, за да изпълни предсказаното в Псалми 34:20: *„Той пази всичките му кости; нито една от тях не се строшава.“*

В Числа 9:12 Бог казва на израилтяните да не чупят костите на агнето, когато го ядат. Той казва също в Изход 12:46, че израилтяните можели да ядат месото на агнето, но не можели да чупят костите му.

„Агнето“ се отнася за Исус, който бил чист и безгрешен, но пожертвал Себе Си като изкупителна жертва за хората и греховете им от любов към тях. Според казаното в Изход 12:46: *„Вътре в къщата да бъде изядено агнето; от месото да не изнасяте вън от къщи и кост от него да не строшите“*, нито една кост на Исус не била счупена.

Тялото Му било пронизано с копие

Йоан 19:32-34 представя още една ужасна сцена:

Затова войниците дойдоха и пречупиха
пищялите на единия и на другия, които бяха
разпънати с Исус. Но когато дойдоха при Исус и
Го видяха вече умрял, не Му пречупиха пищялите.
Обаче един от войниците прободе с копие
ребрата Му; и веднага изтече кръв и вода.

Защо войникът, който знаел, че Исус вече бил мъртъв, пронизал тялото Му с копие и от него бликнала кръв и вода? Това показва порочността на хората.

Въпреки че бил Бог, Исус не изисквал и не търсил правата Си на Господ. Вместо това, Той принизил Себе Си; Той заел скромното положение на роб и се появил под формата на човек. Той покорно примирил Себе Си още повече и умрял като престъпник на кръста. По този начин, Исус открил за вас пътя към спасението (Филипяни 2:6-8).

По време на Своя живот на този свят, Исус дал свобода на затворниците, богатство на бедните и излекувал болните и немощните. Той нямал достатъчно време да се храни или да спи, тъй като правил всичко възможно да проповядва Божието слово, за да спаси повече души. Той отишъл на хълма да се моли, когато учениците Му почивали.

Много евреи Го преследвали с презрение макар че вършил само добро. Накрая Го разпънали на кръста в злината си. По-нататък, въпреки че знаели, че бил мъртъв, Римските войници Го пронизали с копие. Това говори за злото у хората.

Бог ви показал огромната Си любов като изпратил Своя единствен Син Исус Христос и позволил да Го разпънат на кръста, за да ви изкупи от греховете, независимо от порочността на човечеството.

От тялото Му бликнала кръв и вода

Както вече бе споменато, Римският войник пронизал тялото на Исус с копие, независимо че знаел, че вече бил мъртъв. От тялото Му бликнала вода и кръв. Това събитие има три значения.

Първо, то показва, че Исус дошъл на земята като човек от плът и Син на хората. Йоан 1:14 гласи: „*И Словото стана плът и живя между нас; и видяхме славата Му, слава като на Единородния от Отца, пълно с благодат и истина.*" Бог дошъл на този свят като човек от плът и Той бил Исус.

Грешниците не могат да видят Бога, защото биха загинали. Бог не може да се яви лично на тях и затова Исус дошъл на този свят като човек от плът и показал множество доказателства, за да ни накара да повярваме.

Библията казва, че Исус бил човек като вас. Марко

3:20 гласи: „*И отидоха в една къща; и пак се събра народ, така че те не можаха дори хляб да ядат.*" Матей 8:24 казва: „*И, ето, в езерото се надигна голямо вълнение, толкова силно, че вълните заливаха ладията; а Той спеше.*"

Някои хора могат да се зачудят как Исус, Божият Син, можел да изпитва глад или болка. Въпреки това, тъй като Исус дошъл като човек от плът, изграден от кости и мускули, Той трябвало да се храни и да спи. Той също изпитвал болка като нас.

Фактът, че от тялото Му бликнали кръв и вода, когато Го пронизали с копие, представлява убедително доказателство, че Исус дошъл на този свят като човек от плът, въпреки че Той е Божият Син.

Второ, това е още едно доказателство, че вие може да участвате в божествената природа дори и да сте човек от плът. Бог иска децата Му да бъдат праведни и съвършени като Него и затова казва: „*Бъдете святи, понеже Аз съм свят.*" (1 Петрово 1:16) и „*И така, бъдете съвършени и вие, както е съвършен вашият небесен Отец.*" (Матей 5:48). Той също ви окуражава с думите: „*чрез които се подариха скъпоценните ни и твърде големи обещания, за да станете чрез тях участници в божественото естество, като сте избягали от произлязлото от похотта разложение в света;*" (2 Петрово 1:4) и „*Имайте у себе си същото съзнание, което беше и у Христос Исус*" (Филипяни 2:5).

Исус дошъл на този свят като човек от плът, станал роб според Божията воля и изпълнил всичките Си задължения. Той изпълнил закона с любов като преодолял трудности и изпитания и живял според Божието слово.

Макар и да бил човек като вас, Той съзнателно приел всички болки, следвал Божията воля с издръжливост и самоконтрол и пожертвал Себе Си с любов, за да загине на кръста без да се съпротивлява или оплаква.

Как можем да участваме в божествената природа със сърцето на Исус Христос?

Трябва да разпънете на кръст вашата греховна природа, състояща се от страст и желание, да изпитвате духовна любов и да се молите ревностно, за да участвате в божествената природа със страстта на Исус.

От една страна, плътската любов е егоцентрична и тази любов охладнява с времето. Хората, изпитващи такава любов се предават взаимно и страдат от болка, когато не са в съгласие.

От друга страна, Бог иска да имате търпелива и алтруистична любов. Духовната любов не се променя и расте всеки ден. Може да притежавате страстта на Исус ако изпитвате духовна любов и отхвърлите всяко зло чрез молитви.

Всеки може да получи Божието милосърдие и сила ако търси помощта Му чрез пости и молитви. Бог също работи за него, за да го освободи от всяко зло. Ще светите като слънцето на небесното царство ако притежавате духовна любов, получите деветте плода на Светия дух (Галатяни 5) и Блаженствата (Матей 5).

Трето, фактът, че Исус е пролял кръвта и водата Си е достатъчно мощен, за да ви поведе към истински и вечен живот.

Кръвта и водата на Исус били чисти и безгрешни, защото не притежавал първородния грях и не съгрешавал. В духовен смисъл, кръвта и водата били тези, които можели да възкръснат. Тъй като пролял Своята свещена кръв, греховете ви са пречистени и може да имате истински живот, водещ към спасение и възкресение във вечността.

Водата, която бликнала от тялото на Исус, символизира вечната вода, Божието слово. Може да бъдете изпълнени с истина и да станете истински Божии деца в степента, до която разбирате словото Му и отхвърлите греховете като го спазвате.

Исус, който бил безгрешен и чист, се отказал от всичко, за да ви даде истински живот и пролял Своята кръв и вода, въпреки че не сте били по-добри от животни.

Надявам се да разберете, че сте спасени без да заплатите никаква цена и да отхвърлите греховете като се молите ревностно с вяра, за да водите благодатен живот в Исус Христос.

Глава 7

Последните седем фрази на Исус на кръста

- Отче, прости им
- Днес ще бъдеш с мен в Рая
- Жено, ето твоя син; Ето твоята майка
- Боже Мой, Боже Мой, защо си
  Ме оставил?
- Жаден съм
- Извърши се
- Отче, в Твоите ръце предавам духа Си

„А Исус каза: Отче, прости им, защото
не знаят какво правят. И като
разделиха дрехите Му, хвърлиха жребий
за тях. И хората стояха и гледаха. Още
и началниците Го ругаеха, като казваха:
Други е избавил; нека избави Себе Си,
ако Той е Христос, Божият Избраник.
Също и войниците Му се подиграваха,
като се приближаваха и Му поднасяха
оцет, и казваха: Ако си Юдейският Цар,
избави Себе Си. А над Него имаше и
надпис: Този е Юдейският Цар. И един
от увисналите злодеи Го хулеше, като
казваше: Нали Ти си Христос? Избави
Себе Си и нас! А другият в отговор го
смъмра: Дори от Бога ли не се боиш, ти,
който си със същата присъда? А ние
справедливо сме осъдени, защото
получаваме заслуженото за това, което
сме сторили; а Този не е сторил нищо
лошо. И каза: Господи Исусе, спомни си
за мене, когато дойдеш в Царството
Си. А Исус му отговори: Истина ти
казвам днес ще бъдеш с Мене в рая. А
беше вече около шестия час и тъмнина
покриваше цялата земя до деветия час,
като слънцето потъмня; и завесата на
храма се раздра през средата. И Исус
извика със силен глас и каза: Отче, в
Твоите ръце предавам духа Си. И като
каза това, издъхна."

Лука 23:34-46 гласи

Повечето хора спомнят живота си с приближаване на смъртта и произнасят прощално слово за своите близки и приятели.

По същия начин Исус станал човек от плът, дошъл на този свят в Божието провидение и произнесъл седем фрази на кръста преди да издъхне. Те са наречени „последните седем фрази на Исус на кръста".

Нека разгледаме духовното значение на последните седем фрази на Исус на кръста:

Отче, прости им

Авторът на Филипяни представя Исус по следния начин:

Имайте у себе си същото съзнание, което беше и у Христос Исус, Който, като беше в Божия образ, пак не сметна, че трябва твърдо да държи равенството с Бога, но се отказа от всичко, като взе на Себе Си образ на слуга и стана подобен на човеците; и като се намери в човешки образ, смири Себе Си и стана послушен до смърт, даже смърт на кръст. (Филипяни 2:5-8).

Исус бил разпънат на кръста, за да покаже Своята любов и покорност към Бога и да открие пътя за спасението на грешниците. Хората, които стояли наоколо, се подигравали на Исус: *„Други е избавил; нека избави Себе Си, ако Той е Христос, Божият Избраник."* (Лука 23:35).

Войниците също Го охулвали като Му предлагали вино с думите: *„Ако си Юдейският Цар, избави Себе Си."* (стих 37). Един от престъпниците, разпънат на кръста до Него се подиграл: *„Нали Ти си Христос? Избави Себе Си и нас!"* (стих 39).

И когато стигнаха на мястото, наречено Лобно, там разпънаха Него и злодеите - единия отдясно, а другия - отляво на Него. А Исус каза: Отче, прости им, защото не знаят какво правят. И като разделиха дрехите Му, хвърлиха жребий за тях. (Лука 23:33-34).

Исус се молил на Бога да им прости преди да издъхне: „Отче, прости им, защото не знаят какво правят." Той молил Бащата да прояви милосърдие и прошка към хората, които не знаели, че Исус – Божият Син бил разпънат, за да изкупи греховете им. Може би те дори не съзнавали, че съгрешавали. Това е първото Му обръщение от кръста.

Исус се моли с любов за хората, които го разпънали

Исус – Божият Син, се молил за онези, които Го разпънали, въпреки че бил безгрешен и чист. Колко велика и дълбока е любовта Му! Исус лесно могъл да слезе от кръста и да избегне разпятието, защото Той е едно със всемогъщия Бог и притежава силата Му. Въпреки това, Той бил разпънат, за да изпълни плана за спасението според Божията воля. Следователно Той можел да понесе всички страдания и срам, да се моли за тях с отчаяна любов и да моли за опрощението им.

Исус се молил ревностно: „Отче, прости им, защото те не знаят какво правят." Тук „те" не се отнася само за онези, които Го разпънали на кръста и Го охулвали, но и за всички хора, които не приемат Исус Христос и продължават да живеят в тъмнината. Подобно на хората, които разпънали Исус – Божият Син, много хора съгрешават, защото не познават Господ и истината.

Вашият враг дяволът принадлежи на тъмнината и мрази светлината, затова разпънал Исус – истинската светлина. В днешно време дяволът контролира хората, които принадлежат на тъмнината и ги кара да преследват онези, които вървят в светлината.

Как може да се отнасяте с преследвачите, които не знаят истината?

С първата фраза от кръста Исус ви казва коя е Божията воля и как трябва да се държат християните. Матей 5:44 гласи: „*Но Аз ви казвам: Обичайте*

неприятелите си и се молете за онези, които ви гонят.”
Трябва да можем да се молим за всички онези, които ни
преследват с думите: „Отче, прости им. Те не знаят какво
правят. Благослови ги, за да могат и те да приемат Господ
и да се срещнем отново на небето.”

Днес ще бъдеш с мен в Рая

Двама престъпници също били разпънати с Исус на
Голгота, „лобното място” (Лука 23:33).

Един от престъпниците Го охулвал, но другият
порицал охулващия, разкаял се и приел Христос за свой
Спасител. Исус Му обещал да бъде с Него в Рая и това е
втората фраза на Исус на кръста:

*И един от увисналите злодеи Го хулеше, като
казваше: Нали Ти си Христос? Избави Себе Си и
нас! А другият в отговор го смъмра: Дори от
Бога ли не се боиш, ти, който си със същата
присъда? А ние справедливо сме осъдени, защото
получаваме заслуженото за това, което сме
сторили; а Този не е сторил нищо лошо. И каза:
Господи Исусе, спомни си за мене, когато дойдеш
в Царството Си. А Исус му отговори: Истина ти
казвам днес ще бъдеш с Мене в рая. (Лука 23:39-
43).*

С втората фраза на кръста, Исус проповядвал, че Той е Месията, който можел да прости на грешниците след като се покаят и да ги спаси.

Когато четете четирите евангелия, ще прочетете различни отговори на престъпниците. В Матей 27:44 пише: *„По същия начин Го ругаеха и разпънатите с Него разбойници."* В Марко 15:32 пише: *„Нека Христос, Израелевият Цар, слезе сега от кръста, за да видим и да повярваме. И разпънатите с него Го ругаеха."* От тези две евангелия може да видите, че двамата престъпници ругаели Исус.

Въпреки това в Лука 23 ще прочетете, че единият порицал другия и се разкаял за греховете си като приел Исус Христос и бил спасен. Това не е защото Евангелията си противоречат. В Своето провидение Бог позволил на авторите да ги запишат различно. Божието провидение и историческите събития в Библията са представени накратко. Ако всичко беше описано подробно, нямаше да стигнат хиляди Библии.

В днешно време ако запишете нещо с видеокамера, може да го гледате отново по-късно, но по времето на Исус не е имало такива средства и хората не са могли дори да фотографират важни събития. Те можели само да ги записват. Чрез тези различия в писанията, вие можете да добиете по-реалистична представа за конкретната ситуация.

По-доброто разбиране на разпъването на Исус на кръста

Когато Исус проповядвал евангелието Го следвали големи тълпи. Някои искали да чуят посланието Му, някои искали да видят чудеса и знамения от небето, други искали да се нахранят, а други продавали своето имущество, за да Го следват и да Му служат.

В Лука 9 Исус благодарил за пет самуна хляб и две риби. С тях се нахранили около пет хиляди души (Лука 9:12-17). Представете си колко повече хора, включително онези, които обичали или мразили Исус и другите в тълпата, са се събрали на мястото, където бил разпънат. Тълпата заобградила кръста и войниците ги отблъсквали с копия и щитове. Представете си хората, викащи на Исус. Тълпата Го ругаела, охулвал Го дори един от двамата престъпници, разпънати на кръста до него.

Кой би могъл да чуе какво казвал първият престъпник? Вероятно е било толкова шумно, че само най-близко стоящите до Исус са могли да го чуят. Другият престъпник казал нещо на Исус с лошо изражение на лицето. Всъщност, той порицавал първия, който Го обиждал. Хората, които се намирали далеч от тях, лесно можели да решат, че и той ругаел Исус.

От една страна при този шум, и двамата писачи на евангелията на Матей и Марко не можели добре да чуят покайващия се престъпник и стигнали до заключението, че и той обиждал Исус.

От друга страна, писачът на евангелието на Лука чувал ясно и разбрал, че вторият престъпник порицавал първия и се разкайвал. Писачите се намирали на различни места и записали различно събитията.

Бог, който знае всичко, им позволил да запишат различно събитията, за да могат поколенията по-лесно да разберат ситуацията.

Небесно място за покаялия се престъпник

Преди да умре, Исус обещал на престъпника, който се разкаял: *„Ще бъдеш с мен в Рая"* и тези думи имат духовно значение.

Небето – Божието царство е невъобразимо голямо. Дори Исус казва в Йоан 14:2: *„В дома на Моя Отец има много обиталища; ако не беше така, Аз щях да ви кажа, защото отивам да ви приготвя място."*

В Псалми пише: *„Хвалете Го, вие, висши небеса и води, които сте над небесата."* (Псалми 148:4). Неемия 9:6 възхвалявал Бога, който създал всички небеса, дори и най-високите. 2 Коринтяни 12:2 гласи: *„един човек в Христос, който преди четиринадесет години (в тялото ли, не зная, вън от тялото ли, не зная, Бог знае) бе занесен до третото небе."* Откровение 21:2 казва, че Божият трон се намира в Новия Ерусалим.

На небето има много места за обитаване, но вие не

можете да живеете, където си изберете. Справедливият Бог награждава всеки от вас според стореното на този свят: до колко живеете според Бога и работите за Божието царство и колко награди сте натрупали на небето и т.н. (Матей 11:12; Откровение 22:12).

Йоан 3:6 гласи: *„Роденото от плътта е плът, а роденото от Духа е дух."* В зависимост от степента, в която човек се откаже от плътското и води духовен живот, на небето има различни места за обитаване за всяко духовно равнище.

Разбира се, всяко място на небето е красиво, защото Бог управлява в него. Въпреки това, дори и на небето има различия. Например начинът на живот, развлеченията, жизненият стандарт и т.н. в един град са много различни от онези в провинцията. По същия начин, свещеният град Нов Ерусалим е най-величественото място на небето, където се намира царската корона и където обитават Божиите.

Раят е мястото, където живее престъпника, покаял се в последните минути преди смъртта на кръста и то се намира в покрайнините на небето. Там ще живеят и много други, получили позорно спасение. Тези хора са приели Исус Христос, но не са направили нищо, за да се променят духовно.

Защото покаялият се престъпник отишъл в Рая?

Той се разкаял от сърце, че е грешник и приел Христос за свой Спасител. Въпреки това, не се отказал от греховете си, не живял праведно и не проповядвал евангелието на другите. Той не работил за Господ. Той не направил нищо, за да получи небесна награда. Ето защо отишъл в Рая, най-ниското място на небето.

Спускането на Исус в Горния гроб

Въпреки че Исус обещал на престъпника: „Днес ще бъдеш с мен в Рая", това не означава, че Исус живее само в Рая на небето. Исус, Царят на царете и Богът на боговете, управлява и обитава с Божиите деца на всички небеса, включително Раят и Новият Ерусалим. В този смисъл, Той обитава в Рая и други места на небето.

Когато Исус казал на спасения престъпник: „Днес ще бъдеш с мен в Рая", „днес" не се отнася само за деня, в който Исус загинал на кръста или за друг специфичен ден. Исус споменал, че щял да бъде с покаялия се престъпник, където и да се намирал той от момента, в който станал Божие дете.

Според Библията Исус не отишъл в Рая след смъртта Си. В Матей 12:40 Исус казва на някои от фарисеите, че „както Йона беше в корема на морското чудовище три дни и три нощи, така и Човешкият Син ще бъде в сърцето на земята три дни и три нощи." Ефесяни 4:9 гласи: „(А това ‚се възкачи' какво друго значи, освен че беше и по-напред слязъл в местата, по-долни от земята?"

В 1 Петрово 3:18-19 пише: „Защото и Христос един

път пострада за греховете, Праведният за неправедните, за да ни приведе при Бога, като беше умъртвен по плът, но оживотворен по Дух; чрез Когото отиде да проповядва на духовете в тъмницата." Исус отишъл в Горния гроб и проповядвал евангелието на духовете преди да възкръсне на третия ден. Защо било необходимо това?

Преди Исус да дойде на този свят, много хора по времето на Стария и дори и на Новия завет не са имали възможност да слушат евангелието, но са живели праведно и са приемали Бог. Означава ли това, че всички те са отишли в ада само защото не са знаели кой е Исус Христос?

Бог изпратил Своя единствен Син на този свят и всеки, който Го приеме, ще бъде спасен. Бог нямаше да създаде човешката цивилизация, за да спаси само онези, които приели Исус Христос след Неговото разпъване на кръста. Онези, които не можели да чуят евангелието, но живеели праведно, ще бъдат съдени според съвестта им.

От една страна, такива хора с добри сърца се събират в „Горния гроб". От друга страна, в „Чистилището" живеят порочните хора до деня на Страшния съд. След разпъването Му на кръста, Исус отишъл в Горния гроб и проповядвал евангелието на духовете, които не познавали евангелието, но живели съвестно и заслужавали да бъдат спасени.

Няма друго име, дадено на човек под небето, с което да бъдат спасени освен името на Исус Христос. Ето защо

Исус отишъл и проповядвал за Себе Си на духовете, за да могат да Го приемат и да бъдат спасени.

Библията казва, че духовете, спасени преди разпъването на Исус, са отведени в лоното на Авраам (Лука 16:22), а след възкресението Му, в Неговото лоно.

Спасение чрез Съда на съвестта

Преди Исус да дойде на този свят да проповядва евангелието, добрите хора живели, следвайки правотата на сърцата си. Това е съдът на съвестта. Добрите хора не вършели зло, дори и да изпитвали трудности и беди, защото слушали гласа на сърцето си. Римляни 1:20 гласи: *„Понеже от създаването на света това, което е невидимо у Него, вечната Му сила и божественост, се вижда ясно, разбираемо чрез творенията; така че човеците остават без извинение."*

Като наблюдават вселената и как всичко е в хармония на земята, хората с добри сърца вярват, че има вечен живот. Ето защо те не живеят според своята греховна природа и се контролират, за да не се наслаждават на светските удоволствия в страх от Бога.

Римляни 2:14-15 гласи: *„понеже когато езичниците, които нямат закон, по природа вършат това, което се изисква от закона, то и без да имат закон, те сами са закон за себе си, по това, че те показват действието на закона, написано на сърцата им, за което свидетелства и съвестта им, а помислите им или ги* *осъждат в спор помежду си, или ги оправдават."*

Бог дал закона само на израилтяните, но не и на не евреите. Въпреки това, не евреите живеят праведно, когато спазват закона в сърцата и съвестта си, който сами практикуват и получават. Не може да кажете, че онези, които не са вярвали в Исус Христос, няма да бъдат спасени, защото никога през живота си не са чули евангелието.

Сред хората, умрели без да познават Исус Христос, имало такива, които могли да отстояват на порочните мисли заради чистите си сърца. Тези хора ще бъдат спасени според Божия съд на съвестта им.

Жено, ето твоя син; Ето твоята майка

Апостол Йоан написал това, което чул и видял на мястото, където Исус бил разпънат. Там имало много жени, включително Мария – майката на Исус, Саломе – сестрата на майка Му; Мария – жената на Клопа и Мария Магдалена. В Йоан 19:26-27 Исус казва на натъжената Си майка Мария да счита Йоан за свой син и на Йоан казва да се грижи за нея като за своя майка:

А Исус, като видя майка Си и ученика, когото обичаше, който стоеше наблизо, каза на майка Си: Жено, ето твоя син! После каза на ученика:

Ето твоята майка! И от този час ученикът я прибра в своя дом.

Защо Исус нарича Мария „Жено", а не „Майко"?

Думата „майко" не е произнесена от Исус, а написана от апостол според неговото виждане. Защо Исус нарича „Жено" Собствената Си майка, която Го родила?

Според Библията, Исус не я нарича „Майко".

Например, в Йоан 2:1-11 след като започнал Своето духовенство, Исус извършил първото чудо като превърнал водата във вино на едно сватбено тържество в Кана Галилейска. Исус и Неговите ученици също били поканени на сватбата. Когато виното свършило, Мария Му казала: „Нямат вино", защото тя знаела, че като Божи Син, можел да превръща водата във вино. Исус й отговорил: *„Какво имаш ти с Мене, жено? Часът Ми още не е дошъл."* (стих 4).

Исус отговорил, че още не било време да покаже Себе Си като Месията, въпреки че на Мария й било тъжно заради гостите, защото се свършило виното. Превръщането на вода във вино в духовен смисъл означава, че Исус щял да пролее кръвта Си на кръста.

Исус проповядвал за Себе Си, че е дошъл на този свят като наш Спасител в изпълнение на божествения план за спасение на човечеството на кръста. Затова Той нарекъл Мария „жено", а не „майко".

Освен това, нашият Спасител Исус е Бог в

Триединство и Създателят. Създателят Бог е „*Онзи, който*" е (Изход 3:14), и „*Той е Първият и Последният*" (Откровение 1:17, 2:8). Ето защо, Исус няма майка и затова я нарекъл „жено", а не „майко".

В днешно време много Божии деца наричат Мария „святата майка" на Исус или й издигат статуи и я възхваляват. Трябва да разберете, че това е абсолютно погрешно, защото тя не е майката на нашия Спасител (Изход 20:4).

Небесното гражданство

Исус утешавал Мария, която била много опечалена от Неговото разпъване на кръста и казал на Своя скъп ученик Йоан да се грижи за нея като за своя майка. Макар и да страдал от непоносими болки на кръста, Той все още бил загрижен какво ще се случи с Мария след смъртта Му. Тук може да видите Неговата любов.

Чрез третата фраза на Исус на кръста можем да разберем, че във вярата ние всички сме братя и сестри – семейството на Бога. В Матей 12 е представена сцена, в която семейството на Исус отива да Го види. Когато Исус разбира, че майка Му и братята Му са сред тълпата, Той казва:

> *Коя е майка Ми и кои са братята Ми? И като посочи с ръка към учениците Си, каза: Ето майка Ми и братята Ми! Защото който върши волята*

на Моя Отец, Който е на небесата, той Ми е брат и сестра, и майка. (Матей 12:48-50).

Както вярата ви расте с приемането на Исус Христос, вашето съзнание за гражданство на небето става по-ясно и вие обичате братята и сестрите си в Христос повече от вашите биологични роднини. Ако близките ви не са Божии деца, семейството ви няма да продължи завинаги като такова. Връзките с близките прекратяват със смъртта. Ако те не вярват в Исус Христос или не живеят праведно дори и да претендират, че вярват в Бога, те ще отидат в ада, защото отплатата на греха е смърт (Матей 7:21).

Видимата плът се превръща обратно в пръст след смъртта, но вие имате безсмъртен дух. Ако Бог вземе духа ви, вие ще бъдете просто труп, който скоро ще изгние. Създателят Бог направил първия човек от пръст, вдъхнал живот в ноздрите му и духът му станал безсмъртен. Бог е този, който дава живот на вашия безсмъртен дух и създава плътта, която ще се превърне в пръст. Следователно, Той е вашият истински баща.

Матей 23:9 казва: *„И никого на земята недейте нарича свой отец, защото Един е вашият Отец - Небесният."* Това не означава, че не трябва да обичате близките си, които не вярват. Много е важно истински да ги обичате, да им проповядвате евангелието и да ги научите да приемат Исус Христос.

Боже Мой, Боже Мой, защо си Ме оставил?

Исус бил разпънат на кръста на третия час и от шестия час, тъмнината покрила целия свят до деветия час, когато издъхнал. За да представим това с модерната концепция за времето, Той бил разпънат на кръста в девет часа сутринта и три часа по-късно, на обяд, тъмнината покрила целия свят до три часа следобед.

А на шестия час настана тъмнина по цялата земя и продължи до деветия час. И на деветия час Исус извика със силен глас: Елои, Елои, лама савахтани?, което значи: Боже Мой, Боже Мой, защо си Ме оставил? (Марко 15:33-34)

Шест часа по-късно, на деветия час, Исус извикал на Бога: „Боже Мой, Боже Мой, защо си Ме оставил?" Това е четвъртата фраза на Исус от кръста.

Исус бил изтощен, вече били минали шест часа, откакто бил разпънат на кръста и кръвта и водата Му се изливали под силното пустинно слънце. Той бил напълно изтощен. Защо тогава извикал?

Всяка една от седемте фрази на Исус на кръста има духовно значение и трябвало да бъдат чути, а не произнесени напразно. Седемте фрази трябвало да бъдат изписани ясно в Библията, за да може всеки да разбере Божията воля.

Следователно, Той извикал седемте фрази от кръста с

пълен глас, за да могат всички около Него да ги чуят и да ги запишат.

Някои казват, че Исус извикал с възмущение към Бога, защото нямало смисъл да дойде на този свят като човек от плът и да понася страдания, но това изобщо не е така.

Защо Исус извикал „Боже Мой, Боже Мой, защо си Ме оставил?"

Причината да дойде на земята била да разруши работата на дявола и да отвори вратата към нашето спасение.

По този начин Исус спазил Божията воля до смърт и се пожертвал изцяло. Преди да Го разпънат на кръста, Той се молил по-ревностно и потта Му била като капки кръв, които падали по земята (Лука 22:42-44). Той носил бремето Си с пълно съзнание за страданията, които трябвало да понесе на кръста.

Той изтърпял мъчения и болки на кръста, защото познавал Божия план за хората. Как би могъл да се възмути Исус пред лицето на смъртта? Викът Му не бил в изблик на скръб или упрек към Бога. Исус имал причини да го направи.

Първо, Исус искал да извести на света, че е бил разпънат, за да изкупи грешниците от греха.

Той искал всички да разберат, че е отказал небесната слава и е бил пренебрегнат напълно от Бога макар и да бил Неговият единствен Син. Той извикал силно, за да разберат всички, че страдал в ужасни болки на кръста, за да изкупи грешниците от греха. Библията показва, че Той се обръщал към Бога с „Отче Мой", но на кръста извикал „Боже Мой", защото Исус поел кръста от името на грешниците и грешниците не могат да нарекат Бога „Отче".

В този момент Бог опозорил Исус като грешник, понесъл всички грехове на хората и Исус не се осмелил да Го нарече „Отче". По същия начин вие наричате Бога „Авва Отче", когато изпитвате взаимна любов, но се обръщате към него с „Боже", ВМЕСТО „Отче", когато сте отдалечени от Него, защото сте съгрешили или сте имали слаба вяра.

Бог иска всички хора да станат Негови истински деца, които да Го наричат „Отче" като приемат Исус Христос и вървят в светлината.

Второ, Исус искал да предупреди хората, които не познавали Божията воля и все още живеели в тъмнината.

Бог изпратил Своя единствен Син Исус Христос на този свят и Му позволил да бъде охулван и разпънат на кръста от Неговите собствени създания. Исус знаел защо Бог пренебрегнал Своя Син, но тълпата, която Го разпънала, не познавала Божията воля. Той извикал „Боже Мой, Боже Мой, защо си Ме оставил?", за да позволи на невежите да разберат Божията любов и да се покаят, за да се върнат по пътя към спасението.

Жаден съм

В Стария завет има голям брой пророчества за страданията на Исус на кръста. Псалми 69:21 гласи: *„И дадоха ми жлъчка за ядене и в жаждата ми ме напоиха с оцет."*

Както е предсказано в Псалми, когато Исус казал: „Жаден съм," хората накиснали една гъба в оцет, натъкнали я на исопова пръчка и я поднесли до устата Му:

> *След това Исус, като знаеше, че всичко вече е свършено, за да се сбъдне Писанието, каза: Жаден съм. А там беше сложен съд, пълен с оцет; натъкнаха на исопова пръчка една гъба, натопена в оцет, и я поднесоха до устата Му. (Йоан 19:28-29).*

Дълго време преди Исус Христос да се роди в град Витлеем, писачът имал видение за Неговото разпъване и за смъртта Му на кръста и я описал. Исус казал: „Жаден съм", за да може да се изпълни предсказанието.

Нека разгледаме духовното значение на петата фраза на Исус от кръста „Жаден съм".

Исус обявява Своята духовна жажда

Много хора могат да издържат на глад, но не и на жаждата. Исус бил напълно изтощен, защото минали шест часа, откакто бил разпънат на кръста и проливал кръвта и водата Си под изгарящото пустинно слънце. Изпитвал невъобразима жажда.

Това не означава, че Исус не можел да издържи на жаждата, когато казал: „Жаден съм". Той знаел, че много скоро щял да се върне при Бога с мир.

Всъщност, жаждата Му била повече духовна, отколкото физическа. Това е силното желание на Исус към Божиите деца: „Жаден съм, защото пролях кръвта Си. Утолете жаждата Ми като заплатите за кръвта Ми."

Изминали са две хиляди години от смъртта на Исус на кръста, но Той все още ни казва, че е жаден. Жаждата Му е породена от проливането на кръвта Му. Той пролял кръвта Си, за да опрости греховете ви и да ви даде вечен живот.

Исус ви казва, че е жаден, за да ви покаже желанието Си да спаси загубените души. Следователно, Божиите деца, които са спасени чрез кръвта на Исус, трябва да я компенсират.

Начинът, по който заплащате за кръвта Му и утолявате жаждата Му е да водите хората по неизвестния път от ада към рая.

Следователно, трябва да сте благодарни за Исус, който пролял кръвта Си и да утолите жаждата Му като водите хората по пътя към спасението.

Извърши се

В Йоан 19:30 Исус приел оцета и казал „Извърши се", навел главата Си и издъхнал. Исус приел гъбата на исопова пръчка. Това не било, защото не можел да устои на жаждата. Случилото се има духовно значение.

Причината, поради която Исус дошъл на този свят била да бъде разпънат на кръста заради греховете на хората. В Своята голяма любов към нас, Исус изпълнил закона на Стария завет и понесъл всички грехове и проклятието на хората върху Себе Си. По времето на Стария завет хората правели жертвоприношение с животинска кръв, когато съгрешавали. Въпреки това, Исус направил едно жертвоприношение за всички грехове чрез проливане на Своята кръв за греховете (Евреи 10:11-12). Ето защо греховете ви са простени, когато приемате Исус Христос, защото вече ви е изкупил. Изкупителната милост чрез Исус Христос се отнася за новото вино и Той отпил от винения оцет, за да ни даде ново вино.

Духовното значение на фразата „Извърши се"

Исус казал: „Извърши се" и издъхнал. Какво означава това в духовен смисъл?

Исус станал човек от плът, дошъл на земята, проповядвал евангелието, лекувал болести и недъзи и открил пътя към спасението като поел кръста за всички онези, които били тръгнали към смъртта.

Той изпълнил с любов закона на Стария завет като пожертвал Себе Си до смърт. Той победил над дявола като унищожил напълно делото му. Тоест, Той изпълнил божествения план за спасение на човечеството. Ето защо на кръста Исус казал: „Извърши се".

Бог иска децата Му да изпълнят всичко като живеят според Божията воля, както неговият единствен Син Исус изпълнил всички провидения за спасение като се подчинил на Отеца и пожертвал живота Си, за да спази Божията воля и план.

Трябва първо да подражавате на сърцето на Господ като постигнете духовна любов: да носите деветте плода на Светия дух (Галатяни 5:22-23) и да постигнете Блаженствата (Матей 5:3-10). След това трябва да бъдете предани в работата, възложена ви от Бога. Трябва да поведете, колкото се може повече хора към Бога чрез страстни молитви, чрез проповядване на евангелието и чрез ходене в църква.

Надявам се всички вие, ценни деца на Бога, да превъзмогнете света с твърда вяра, с надежда за небето и с любов към Бога и да признаете: „Извърши се" като се подчините на Бога и волята Му, както нашият Господ Исус Христос е показал.

Отче, в Твоите ръце предавам духа Си

По времето, когато Исус произнасял последната фраза на кръста, Той бил крайно изтощен. В това състояние Исус извикал на висок глас: „Отче, в Твоите ръце предавам духа Си."

И Исус извика със силен глас и каза: Отче, в Твоите ръце предавам духа Си. И като каза това, издъхна. (Лука 23:46).

Може да забележите, че Исус нарекъл Бога „Отче" вместо „Боже Мой". Това показва, че Христос вече е изпълнил мисията Си на изкупителна жертва.

Исус предава Своя дух и душа на Бога

Защо Исус, който дошъл на земята като наш Спасител, предал Своята душа и дух в ръцете на Бога?

Човекът се състои от дух, душа и тяло (1 Солунци 5:23). Когато умира, духът и душата напускат тялото му. Духът и душата му ще се върнат обратно до Бога ако човекът е Божие дете. В противен случай, духът и душата му ще отидат в ада (Лука 16:19-31). Тялото му се погребва и се превръща отново в пръст.

Исус - Божият Син, станал човек от плът и дошъл на този свят. Той имал дух, душа и тяло, както нас. След като го разпънали, тялото Му умряло, но не и духът и душата Му; Той предал Своя дух и душа в ръцете на Бога.

Бог приема вашия дух и душа, когато умрете. Ако Бог приеме само вашия дух, но не и душата, вие никога няма да изпитате истинско щастие на небето или да бъдете благодарни от все сърце. Защо? Няма да помните нещата, идващи от душата ви, като сълзи, скръб, страдание и други подобни, които сте изтърпели на тази земя. Ето защо Бог приема, както духа, така и душата.

Защо тогава Исус предал Своя дух и душа на Бога? Това е защото Бог е Създателят, който управлява всичко на вселената и се грижи за вашия живот, смърт и благословия. Всичко принадлежи на Бога и е под негова власт. Бог е единственият Един, който изпълнява молитвите ви. Ето защо, самият Исус трябва да се моли, за да предаде духа и душата Си на Отеца Бог (Матей 10:29-31).

Исус се молил на висок глас

Защо Исус се молил на висок глас макар и да изпитвал големи страдания с думите: „Отче, в Твоите ръце предавам духа Си?"

Това било, защото искал хората да Го чуят и да разберат, че Божията воля е да се молят силно. Молитвата Му да предаде духа Си на Бога била толкова ревностна, колкото и молитвата Му в Гециман преди да Го арестуват.

Молитвата на Исус „Отче, в Твоите ръце предавам духа Си?" доказва, че Исус е изпълнил всичко съгласно Божията воля. Тоест, Той вече можел гордо да предаде Своя дух на Бога след като изпълнил делото Си в подчинение на Бога.

Апостол Павел признал: „*Аз се подвизах в доброто войнстване, пътя свърших, вярата опазих; отсега нататък се пази за мене венецът на правдата, който Господ, праведният Съдия, ще ми въздаде в онзи ден; и не само на мен, а и на всички, които са обикнали Неговото явяване.*" (2 Тимотей 4:7-8).

Дякон Стефан също живял според Божията воля и поддържал вярата. Ето защо той можел да се моли: „*Господи Исусе, приеми духа ми?*" преди да издъхне (Деяния 7:59). Апостолите Павел и Стефан нямало да се молят по този начин ако бяха имали светски живот в търсене на удоволствията, произлизащи от греховната природа.

По същия начин гордо може да заявите „Извърши се" и „Отче, в Твоите ръце предавам духа Си?", както Исус е направил, когато сте живели единствено според Божията воля.

Какво се случило след смъртта на Исус?

Исус умрял на кръста на деветия час след като изрекъл на глас последните фрази (три часа следобед). Макар и да било ден, тъмнина покрила цялата земя от шестия час (обяд) до деветия час и завесата на храма се раздрала на две (Лука 23:44-45).

И, ето, завесата на храма се раздра на две отгоре до долу, земята се разтресе, скалите се разпукаха, гробовете се развориха и много тела на починали светии бяха възкресени, които, като излязоха от гробовете след Неговото възкресение, влязоха в Светия град и се явиха на мнозина. (Матей 27:51-53).

Фразата „Завесата на храма се раздра на две отгоре до долу" има дълбоко духовно значение. Дългата завеса на храма разделяла Свещеното място от Светая Светих. Никой не можел да влезе в Свещеното място с изключение на свещеника и само първосвещеникът можел да влезе в Светая Светих един път в годината.

Раздирането на завесата на храма показва, че Исус предложил Себе Си като мирно дарение, за да разруши стената на греха. Преди завесата да бъде раздрана на две, първосвещеникът правил жертвоприношения за греховете от името на хората и посредничил между тях и хората.

Може да имате пряка връзка с Бога, защото стената на греха е съборена със смъртта на Исус. Това означава, че всеки, който вярва в Исус Христос може да влезе в Светая Светих и да се моли на Исус Христос без посредничеството на първосвещениците или пророците.

И така, братя, като имаме чрез кръвта на Исус дръзновение да влезем в светилището през новия и живия път, който Той е открил за нас през завесата, т. е. плътта Си. (Евреи 10:19-20).

Впоследствие земята се разтресла и скалите се разпукали. Всички тези неестествени събития ви показват същността на този разклатен свят. Това представлявал израз на Божията мъка, предизвикана от порочността на хората. Бог показал, че бил дълбоко наранен, защото човешките сърца били прекалено закоравели, за да приемат Исус Христос, въпреки че Той дал Своя единствен Син, за да ги спаси.

Гробовете се отворили и телата на множество святи хора, които били мъртви, се съживили. Възкресението е доказателство, че всеки, който вярва в Исус Христос, може да бъде опростен и да живее отново.

Надявам се да разберете духовните значения и любовта на Господ в Неговите седем фрази на кръста, за да водите славен християнски живот и да копнеете за появяването на Господ , както праотците на вярата.

Глава 8

Истинска вяра и вечен живот

- Каква голяма мистерия!
- Фалшивите изповеди не водят до спасение
- Плътта и кръвта на Сина на Хората
- Опрощаване единствено чрез вървенето
  в светлината
- Вярата, придружена с дела е истинска вяра

„Който се храни с плътта Ми и пие кръвта Ми, има вечен живот; и Аз ще го възкреся в последния ден. Защото Моята плът е истинска храна и Моята кръв е истинско питие. Който се храни с Моята плът и пие Моята кръв, той пребъдва в Мен и Аз в него. Както живият Отец Ме е пратил и Аз живея чрез Отца, така и онзи, който се храни с Мене, ще живее чрез Мене."

Йоан 6:54-57

Крайната цел на вярата в Исус Христос и ходенето на църква е да бъдете спасени и да постигнете вечен живот. Много хора мислят, че те ще бъдат спасени просто ако ходят на църква в неделните дни и казват, че вярват в Исус Христос без да живеят според Божието слово.

Според Галатяни 2:16: *„Като знаем все пак, че човек не се оправдава чрез дела по закона, а само чрез вяра в Исус Христос, и ние повярвахме в Христос Исус, за да се оправдаем чрез вяра в Христос, а не чрез дела по закона; защото чрез дела по закона няма да се оправдае нито едно създание"*, не може да идете на небето или да бъдете оправдани само чрез външното спазване на закона, особено когато сърцето ви е изпълнено с грях. Нямате връзка с Исус Христос ако продължавате да съгрешавате и не спазвате Божието слово дори и след като сте го научили.

Нужно е да разберете, че трудно ще се спасите ако само показвате вярата си с устни. Кръвта на Исус Христос ви пречиства от греховете, за да ви спаси единствено когато вървите в светлината и живеете в истината. Трябва да имате истинска вяра, придружена с дела (1 Йоаново 1:5-7).

Нека сега разгледаме подробно как да имаме истинска

вяра, за да получим пълно спасение и вечен живот като истински деца на Бога.

Каква голяма мистерия!

Ефесяни 5:31-32, гласи: „*Затова ще остави човек баща си и майка си и ще се привърже към жена си, и двамата ще станат една плът. Тази тайна е голяма; но аз говоря това за Христос и за църквата.*"

Хората напускат своите родители, когато пораснат и се събират със своите съпрузи или съпруги. Защо Бог е казал, че това е голяма мистерия? Ако тълкувате и разберете буквално този израз, няма да знаете коя е тази „голяма мистерия", но ако разберете нейното духовно значение, ще бъдете изпълнени с радост.

„Църквата" тук се отнася за Божиите деца, които са приели Светия дух. Бог сравнил отношенията между Исус Христос и вярващите с тези между мъжа и жената.

Как може да напуснете този свят и да бъдете свързани с вашата булка Исус Христос?

Ако приемете Исус Христос с вяра

След като първият човек Адам извършил грях като не се подчинил на Бога, грехът дошъл на земята. Всички негови потомци станали роби на греха и деца на врага дявол, който управлява този свят.

Преди да приемете Исус Христос, вие сте принадлежали на този свят и на врага дявол, който властва над света на тъмнината. Това се потвърждава с Йоан 8:44, който гласи: *„Ваш баща е дяволът и вие желаете да вършите похотите на баща си. Той беше открай време човекоубиец и не устоя в истината, защото в него няма истина. Когато говори лъжа, той говори своето, защото е лъжец и баща на лъжата."* И чрез 1 Йоаново 3:8, който гласи: *„Който върши грях, от дявола е; защото дяволът отначало съгрешава. Затова се яви Божият Син, да съсипе делата на дявола."*

Когато приемете Исус Христос за ваш Спасител и отидете в светлината, получавате власт като деца на Бога и се освобождавате от греховете, защото вашите грехове са опростени чрез кръвта на Исус Христос.

Ако притежавате вярата, че Исус Христос ви е спасил от греховете ви като поел кръста, Бог ви дарява със Светия дух и Светият дух поражда духа в сърцето ви. Светият дух ви казва и ви показва Божията воля, за да я спазвате.

Тогава ставате Божие дете, ръководено от Духа на Бога, извиквате: „Авва, Отче" (Римляни 8:14-15) и наследявате небесното царство.

Колко прекрасно и тайнствено е, че децата на дявола, които някога трябвало да попаднат във вечната смърт, станали деца на Бога, които сега са поведени към небето чрез вярата!

Когато сте свързани с Исус Христос като вярвате в Него, Светият дух идва в сърцето ви и се обединява със семето на живота. Бог създал първия човек от пръст и вдъхнал живот в ноздрите му. Дъхът на живота е семето на живота, самият живот. По този начин, никога не може да умре и преминава от едно поколение в друго чрез спермата и яйцата на човешките създания.

Това семе на живота е обвито от сърцето. След като Бог създал Адам, Той посадил в сърцето му семето на знанието на живота и на духа. Подобно на новороденото бебе, трябва да изучи познанията на този свят, за да стане културен човек и истинско живо същество, макар че вече е самият живот.

Адам някога бил изпълнен единствено с познанието на духа, а именно на истината. Въпреки това, след като не се подчинил на Бога, връзката с Бога била прекъсната. Малко по малко започнал да губи познанията за духа и неистината заела място в сърцето му. От тогава нататък, сърцето, което някога било изпълнено само с истина, се запълнило с истина и с лъжа. Например, Адам изпитвал любов в сърцето си, но дяволът враг посадил в него неистината, наречена омраза. В резултат, както може да видите в Битие 4, Каин, когото Адам родил след като съгрешил, убил своя брат Авел от ревност и завист.

С течение на времето сърцето се запълнило и с друга част освен с истина и лъжа. Тази част се нарича „природа". Вие сте наследили характера и чертите от вашите родители. Вие възприемате това, което виждате, чувате и научавате заедно с чувствата в ума си. Тези две съставляват „природата" в търсене на истината.

Природата често се нарича „съзнание" и то е формирано много различно в зависимост от вида на хората, които срещате, вида на книгите, които четете и обстоятелствата, при които сте били възпитавани. Например, наблюдавайки един и същи човек или събитие, някои хора могат да кажат: „Лош е", а други „Добър е" или „Принадлежи на добротата".

Следователно, когато анализирате сърцето на един човек, в него има истинска част, която принадлежи на Бога, неистинска част, дадена от Сатаната и природа, съставена в резултат на тези две части.

Светият дух, обгърнат в сърцето със семето на живота

В случая на Адам тези три части обгръщат семето на живота, дадено ни в сърцата от Бога. Това състояние е когато Божието слово „Вие сигурно ще умрете" е изпълнено след като Адам ял от дървото на познанието на доброто и злото. Въпреки наличието на семето на живота, все едно сме мъртви ако то не функционира.

Например, когато посявате семена на полето, не всички семена покълнат, защото някои от тях вече са мъртви. Ако семената са живи, те със сигурност ще покълнат.

Същото е и с хората. Ако семето на живота, дадено от

Бога е напълно мъртво, то не може да се съживи и Бог няма нужда да подготвя Исус Христос за спасението на хората или да създава небето и ада.

Въпреки това, семето на живота, дадено на човека, когато Бог вдъхнал в ноздрите му живот, е вечно. Когато получавате евангелието, семето на живота се съживява; колкото по-дълбока е истинската част в сърцето ви, по-лесно ще приемете евангелието. Всеки, който слуша посланието на кръста и приеме Исус Христос, получава Светия дух. По това време, семето на живота в сърцето ви е свързано със Светия дух.

От друга страна, хората със съзнание, обгорено като с горещо желязо, нямат място в себе си за евангелието, защото сърцето с неистина е скрило напълно семето на живота. Семето на живота, което било мъртво, придобива сили да изпълнява функциите си, когато се свързва с Божията сила, Светия дух.

Да станете духовни хора

Когато присъствате на службите, осъзнаете Божието слово и се молите, вие получавате Божията милост и мощ, за да следвате природата на Светия дух.

Чрез този процес, вашето сърце и дух стават единни докато сърцето ви става все по-истинско чрез отнемане на неистината от него и запълването му с истина. Ако сърцето на един човек е запълнено изцяло с познанието за духа и истината, самото сърце е дух, както е бил и първият човек - Адам.

Дори и да изглеждате праведни, вие действате според природата си ако не се молите. Светият дух във вас не може да роди дух и вие все още сте човек от плът. Вие не може да следвате природата на Светия дух ако не опровергаете мислите и аргументите си, макар и да се молите ревностно или дълго време. Следователно, вие не може да бъдете трансформирани в хора на духа.

Светият дух ви позволява да мислите според истината в сърцето си. Тоест, вие живеете според желанията на Светия дух. Сатаната действа по същия начин, за да ви поведе по пътя на унищожението като ви изкушава да следвате плътските мисли докато все още имате неистина в сърцата си.

Следователно, трябва да се освободите от плътските мисли и от самоправието, както се казва в 2 Коринтяни 10:5: „*Понеже събаряме помисли и всичко, което се издига високо против познанието на Бога, и пленяваме всеки разум да се покорява на Христос.*"

Когато се подчинявате на Божието слово, казвайки: „Да" и следвате желанието на Светия дух, сърцето ви може да бъде изпълнено само с истина и тогава може да станете свят човек с дух.

Може да получите всичко, което поискате

Вие ставате едно с Господ, когато отхвърлите всяка неистина и преодолеете самоправието като дадете начало на дух със Светия дух и направите сърцето си чисто като сърцето на вашия Господ Исус Христос.

Мъжът и жената стават една обща плът и се ражда бебе чрез свързването на спермата и яйцеклетката. По подобен начин, когато излезете от света и станете едно с Исус Христос – вашата булка чрез Неговото приемане, вие ще родите дух със Светия дух и ще получите щедро благословиите на Божии деца.

Както се казва в Римляни 12:3, има различни степени на вярата и вие получавате отговори според тези степени. В 1 Йоаново 2:12 и следващите стихове, растежът на вярата се сравнява с процеса на израстването на хората.

Онези, които приемат Исус Христос, получават Светия дух и са спасени, притежават вярата на малки деца (1 Йоаново 2:12). Онези, които се опитват да прилагат истината на практика имат вярата на деца (1 Йоаново 2:13). Когато преминат тази степен и действително прилагат истината в действие, те притежават вярата на младежи (1 Йоаново 2:13). Ако пораснат повече, те имат вярата на бащи (1 Йоаново 2:13).

Бог признал Йов от Стария завет за непорочен и праведен човек, но позволил на Сатаната да го тества. Отначало, Йов настоявал, че бил праведен. Въпреки това, той скоро разбрал своята греховност и се разкаял пред Бога, когато порочната му природа била подложена на изпитанието. Самоправието на Йов било нарушено и сърцето му станало праведно и чисто в очите на Бога. Едва тогава могъл Бог да го благослови два пъти повече от преди.

По същия начин, ако добиете вярата на бащи, което е най-високата степен на вярата като нарушите самоправието си и станете едно с Господ, може да получите щедри благословии като дете на Бога. Това е, което Бог ви обещал в 1 Йоаново 3:21-22: *„Възлюбени, ако нашето сърце не ни осъжда, имаме дръзновение спрямо Бога; и каквото и да поискаме, получаваме от Него, защото пазим заповедите Му и вършим това, което е угодно пред Него. "*

Може да се радвате на благословии като дете на Бога

По този начин ставате едно с Исус Христос до такава степен, че се превръщате в духовни хора. Получавате също благословията да станете едно с Бога, когато постигнете Божията праведност.

Исус ви обещава в Йоан 15:7 че: *„Ако пребъдете в Мен и думите Ми пребъдат във вас, искайте каквото и да желаете и ще ви се сбъдне. "* В Йоан 17:21 казва: *„да бъдат всички едно; както Ти, Отче, си в Мен и Аз в Тебе, така и те да бъдат в Нас едно, за да повярва светът, че Ти си Ме пратил. "*

По същия начин, ако сте обединени с Господ като излизате от този свят, управляван от дяволската сила на тъмнината, вие ставате едно с вашия Баща Бог. По този въпрос Галатяни 4:4-7 гласи:

А когато се изпълни времето, Бог изпрати Сина Си, Който се роди от жена, роди се и под закона, за да изкупи онези, които бяха под закона, за да получим осиновението. И понеже сте синове, Бог изпрати в сърцата ни Духа на Сина Си, Който вика: Авва, Отче! Затова не си вече роб, а син; и ако си син, то си Божий наследник чрез Христос.

Така, както хората наследяват притежания от своите родители, вие наследявате Божието царство, когато станете Негово дете чрез приемането на Исус Христос. Тоест, децата на дявола наследяват ада от дявола и децата на Бога наследяват небето от Бога.

Все пак, трябва да помните, че онези, които не раждат дух чрез Светия дух трябва да идат в ада, защото небето е чисто място, изпълнено само с истина и степента, в която духът ви е праведен и стане едно с Бога, ще получите славата да живеете по-близо до Бог на небето.

Надявам се да получите благословията за вечен живот чрез приемане на Исус Христос – вашата булка и да станете едно с Господ Исус и Бащата Бог като отхвърлите неистината и самоправието. По този начин може да възхвалявате Бога.

Фалшивите изповеди не водят до спасение

Исус Христос става вашата истинска булка, която ви води по пътя на вечния живот и благословиите, когато сте обединени с него чрез вярата. Ако наподобявате сърцето на Исус Христос – вашата булка и добиете съвършена вяра, вие не само наследявате небесното царство, но светите там като слънцето.

Когато четете внимателно Библията виждате, че някои хора, които претендират, че вярват в Бога, не са спасени. В Матей 25 е представена притчата за десетте девици. Петте мъдри девици, които приготвили масло, били спасени, а другите пет девици не могли да се спасят.

По същия начин, Бог ви казва ясно в библията кой може и кой не може да бъде спасен, дори и всеки човек да претендира, че вярва. Тогава ще знаете какъв живот трябва да водите, за да бъдете спасени.

В Матей 7:21 ясно се казва: „*Не всеки, който Ми казва: Господи! Господи!, ще влезе в небесното царство, но който върши волята на Моя Отец, Който е на небесата.*" Ако наричате Исус „Отче, Отче", това означава, че вие вярвате, че Исус е Христос. Въпреки това, не може да бъдете спасени просто изричайки името на Господ и присъствайки на неделните служби.

Грешниците не могат да бъдат спасени

Бог ви казва за Страшния съд в Матей 13:40-42:

И така, както събират плевелите и ги изгарят в огън, така ще бъде и при свършека на века. Човешкият Син ще изпрати ангелите Си, които ще съберат от царството Му всичко, което съблазнява, и онези, които вършат беззаконие, и ще ги хвърлят в огнената пещ; и там ще бъде плач и скърцане със зъби.

Когато фермерът жъне реколтата, той събира пшеницата в хамбара, но изгаря плявата с огън. По същия начин, Бог ви казва, че онези, които не са праведни в Божиите очи, трябва да бъдат наказани.

„Всичко, което съблазнява" се отнася за онези, които претендират, че вярват в Бога, но изкушават братята и сестрите по вяра и ги предизвикват да я загубят. По този начин, няма да бъдете спасени ако карате хората да съгрешават и да вършат зло.

Какво е беззаконие? 1 Йоаново 3:4 гласи: *„Всеки, който върши грях, върши и беззаконие, защото грехът е беззаконие."* Както всяка страна има свой набор от закони, в Божието царство също има духовен закон. Законът на духовното царство е Божието слово, записано в Библията. Всеки, който наруши Божието слово е осъден, както и престъпниците са съдени според закона. Следователно, нарушаването на Божието слово е беззаконие и грях.

Божият закон общо може да се раздели на четири

категории: какво да правите, какво да не правите, кое е забранено, кое трябва да спазвате и кое трябва да отхвърлите. Тъй като Бог е светлина, Той казва на Своите деца да правят това, което е правилно, да не съгрешават, да спазват задълженията си като деца на Бога и да отхвърлят това, което Бог мрази, защото Той иска децата Му да живеят в светлината.

Бог ви призовава във Второзаконие 10:12-13: *„А сега, Израелю, какво иска от тебе Господ, твоят Бог, освен да се боиш от Господа, твоя Бог, да ходиш във всичките Му пътища, да Го обичаш и да служиш на Господа, твоя Бог, с цялото си сърце и с цялата си душа, за да пазиш заповедите на Господа и наредбите Му, които днес ти давам за твое добро?"*

От една страна, ще получите благословии ако изпълните Божието слово. От друга страна, ще получите вечна смърт заради злото и греха ако не спазвате словото Му.

Галатяни 5:19-21 отбелязва делата на плътта:

А делата на плътта са явни; те са: блудство, нечистота, сладострастие, идолопоклонство, магьосничество, вражди, разпри, ревнувания, ярости, партизанства, раздори, разцепления, зависти, пиянства, пирувания и други подобни; за които ви предупреждавам, както ви и

предупредих, че които вършат такива неща, няма
да наследят Божието царство.

„Блудство" се отнася за всички видове сексуална
нечистота и порочност, включително сексуалните
връзки преди брака. „Нечистота" тук означава
безразборни и неразумни действия, произтичащи от
порочната природа.

„Сладострастие" означава, когато следвате винаги
вашата греховна, сексуална неморалност и живеете в
изневяра на думи и на дела. „Идолопоклонство" означава
издигането в култ на предмети от злато, сребро, бронз
или друг материал или да обичате нещо повече,
отколкото обичате Бога.

„Магьосничество" означава да съблазните някого чрез
лъжа. „Вражди" представя желанието да погубите
другите хора чрез вражда, противното на любовта.
„Разпри" отразява действията в търсене на собствената
изгода и власт. „Ревнувания" означава да мразите
другите, защото чувствате, че са по-добри от вас.
„Ярости" не означава просто да бъдете ядосани, а да
причините щети на другите в изблик на краен гняв.

„Партизанства" означава да се отделите в специална
група или организация и да следвате делото на Сатаната,
защото не сте съгласни с другите. „Раздори" означава да
се отделите, следвайки собствените си убеждения, а не
мислите на Светия дух. „Разцепления" означава да се
отречете от Триединния Бог и Исус, който дошъл като

човек от плът, пролял кръвта Си, за да спаси хората и станал Христос.

„Зависти" означава увреждане или нараняването на някого заради завист. „Пиянство" е пиенето на алкохол, а „Пирувания" означава не само да се напиете, да живеете само за себе си и да не се контролирате, но и да не можете да изпълнявате съвестно задълженията си като съпрузи или родители.

„И други подобни" означава, че има и други подобни на тези действия и хората, които ги извършват, няма да бъдат спасени.

Грехове, които водят до смъртта и грехове, които не водят до смърт

На този свят за „грях" се счита всичко, което е очевидно и физическо нараняване на друго лице и е подкрепено с достатъчно доказателства. Въпреки това Бог, който е светлина ни казва, че не само греховните действия, но и всяка тъмнина, която е срещу светлината е грях.

Макар и да не са представени или видени, всички греховни желания в сърцето ви като омраза, завист, ревност, сладострастие и осъждането на другите, клетвите, безсърдечието и нечестността също са грехове и злини.

Ето защо Бог ни казва: *„Но Аз ви казвам, че всеки, който гледа жена, за да я пожелае, вече е* *прелюбодействал с нея в сърцето си."* (Матей 5:28) *„Всеки, който мрази брат си, е човекоубиец; и вие знаете, че у никой човекоубиец не пребъдва вечен живот."* (1 Йоаново 3:15). В Римляни 14:23 пише: *„Но онзи, който се съмнява, се осъжда, ако яде, защото не яде от вяра; а всичко, което не става от вяра, е грях."* Яков 4:17 гласи: *„И така, ако някой знае да прави добро и не го прави, той си навлича грях."* Следователно трябва да знаете, че е грехота и беззаконие да не спазвате това, което Бог иска и ви заповядва.

Ще умрат ли всички хора ако вършат тези грехове? Трябва да осъзнаете, че да живеете с вярата означава да се молите и да се опитвате да бъдете праведни преди да излъжете. Дори и изцяло да не сте отхвърлили нечестността от сърцата си заради слаба вяра, не е вярно, че няма да бъдете спасени заради този грях.

1 Йоаново 5:16-17 гласи: *„Ако някой види брат си, че извърши несмъртен грях, нека се моли и Бог ще му даде живот, т. е. на онези, които съгрешават несмъртно. Има грях (водещ) към смърт - не казвам за него да се моли. Всяка неправда е грях; и има грях, който не води към смърт."*

Греховете обикновено са разделени на две категории: тези, които водят и тези, които не водят до смърт. Хората, които вършат грехове, които не водят до смърт могат да бъдат спасени ако ги окуражите, ако се молите за тях и им помагате да се разкаят за греховете си. Въпреки това, ако човек върши грехове, които водят до смърт, той не може да бъде спасен дори и да се молите за него.

Хората, които се считат за честни, понякога лъжат за своя изгода или вършат много измами, макар и измамите да не накърняват никого. Ще разбере, че сте съгрешили, когато осъзнаете истината, макар и да сте мислили, че сте живели праведно преди да повярвате в Бога. Бог ви показва не само греховете, които са видими, но и порочните мисли в сърцата ви, които също са грехове.

Всички погрешни дела са грехове и отплатата за греха е смърт. Въпреки това Исус Христос е простил всички ваши грехове в миналото, настоящето и бъдещето като пролял кръвта Си на кръста. Има грехове, които могат да бъдат простени чрез силата на кръвта на Исус, когато се покаете и се откажете от тях. Това са греховете, които не водят до смърт.

Ако не се покаете, но продължите да съгрешавате, съзнанието ви ще закоравее. Тогава няма да получите духа на разкаянието ако извършвате грехове, които водят до смърт. По този начин греховете ви не могат да бъдат простени дори и да се опитате да се разкаете.

Нека сега да разгледаме трите вида грях, които водят до смърт: богохулството на Духа, неколкократното подлагане на Божия Син на общественото опозоряване и съзнателното повтаряне на греховното поведение.

Богохулстване на Светия дух

Има три неща в богохулстването на Светия дух. Вие извършвате сквернословие срещу Светия дух, когато говорите против Него, когато се противопоставяте на делото Му и когато Го позорите.

Затова ви казвам: Всеки грях и хула ще се прости на човеците; но хулата против Духа няма да се прости. И ако някой каже дума против Човешкия Син, ще му се прости; но ако някой каже дума против Светия Дух, няма да му се прости - нито в този свят, нито в бъдещия. (Матей 12:31-32).

И на всеки, който би казал дума против Човешкия Син, ще му се прости; но ако някой похули Светия Дух, няма да му се прости. (Лука 12:10).

Първо, „всеки грях и хула" означава да се клеветят другите и да се възпират делата им. *„Хулата против Духа"* означава да се възпрепятстват постиженията на Божието царство като се прекъсват делата на Светия дух на основата на собствената воля и мисли. Например, вие говорите против Светия дух, когато се противопоставяте на делата на Бога, защото не отговарят на желанията ви, макар и това да е работата на

Светия дух.

Ако осъдите един служител на Бога за еретик, когато всъщност не е такъв и прекъснете делата на Светия дух, това е толкова ужасен грях в очите на Бога, че не може да бъде простен. Следователно, трябва да можете да различавате между духовете според истината.

Разбира се, трябва твърдо да предупредите хората и да не им позволявате да принуждават другите да приемат злия дух или да нямат вяра в очите на Бога. Тит 3:10 гласи: „*След като съветваш един-два пъти човек, който сее раздори, остави го.*"

В днешно време много хора осъждат някои църкви за еретични или ги преследват по различни начини, защото признават Триединния Бог и са придружени от делата на Светия дух. Такива хора не са способни да отличават духовете. Макар и да претендират, че вярват в Бога, те нямат достатъчно библейски познания за ереста. Понякога, те дори не познават определението за ерес.

В случаите на преследването на хората, които нямат точни познания, ако хората се покаят и се откажат, те могат да бъдат опростени. Въпреки това, ако те нарушават Божиите дела с лоши намерения и ревност, макар и да знаят, че това е делото на Светия дух, те никога няма да получат опрощение.

Може да намерите пример за това в Библията. В Марко 3, когато Исус изпълнил чудеса и знамения, хората, които Му завиждали, разпространили слуха, че бил луд. Слухът се разпространил толкова много, че близките Му, които живеели далече, отишли да Го изведат от тълпата.

Учителите на закона и фарисеите критикували Исус с думите: *„ И книжниците, които бяха слезли от Йерусалим, казваха, че Той има Веелзевул и че изгонва бесовете чрез началника на бесовете."* (Марко 3:22). Те добре познавали Божието слово. Те знаели закона много добре и обучавали хората, но въпреки това се противопоставили на Божиите дела заради ревност и завист към Исус.

Второ, „противопоставянето на делата на Светия дух" е предизвикване на гласа на Светия дух, който бил даден от Бога или осъждането и заклинанието на делата на Светия дух и опита да се вреди на хората.

Например, говорене против Светия дух е да се разпространяват слухове или да се фабрикуват документи, да се осъждат пастори или църкви като „еретични", където са представени делата на Светия дух, за да се възпрепятстват църковни служби или събирания.

Какво означава тогава „Всеки, който говори против Сина на Хората, ще му бъде простено"? Синът на хората в този стих се отнася за Исус, който дошъл като човек от плът преди да бъде разпънат на кръста.

Да говориш против сина на хората означава да не се подчиняваш на Исус, да Го познаваш и да Го признаваш единствено като човек, защото дошъл от плът. Неспособността да се разпознае Христос като

Спасителят идва от липсата на познание. В този случай ще получите прошка и може да се спасите единствено ако се разкаете напълно и приемете Господ.

Следователно, ако извършите този вид грях без да познавате истината или преди да приемете Светия дух, Бог ви дава възможност да се покаете и да получите прошка.

Ако не се подчините и се противопоставите на Господ докато знаете с точност кой е Исус Христос, трябва да разберете, че никога няма да получите прошка за това, защото е равносилно на богохулстването срещу Светия дух и противопоставяне на делата Му.

Трето, богохулстването означава също да оскверните божественото, святото и чистото. Богохулстването срещу Светия дух означава също осквернението на Светия дух, Духа на Бога и Неговата божественост. Грях е оскверняването на Божията вечна сила и божественост ако злословите срещу делата на Светия дух, ако казвате, че са дела На Сатаната или ако настоявате, че нещо е дело на Светия дух, когато не е. Също така, проповядването на истината като неистина, претендирането, че лъжата е истина и осъждането на праведното като греховно – всичко това е „злословие срещу Светия дух".

В миналото, ако един човек бил заловен в злословие срещу краля, това се считало за предателство и той бил осъждан на смърт.

Ако злословите срещу святата божественост на Господ, който е всемогъщ и не може да бъде сравняван с никой цар на този свят, никога няма да ви бъде простено.

Дори и Христос, който имал божествена природа и дошъл на този свят като човек от плът, не осъждал никого. Ако все още съдите братята и сестрите си и оскверняване делата, извършени от Светия дух, какъв ужасен грях е това! Ако вие почитате и се боите от Бога, никога не може да се противопоставяте, да злословите или да оскверняване Светия дух.

Следователно трябва да осъзнаете, че тези грехове никога не могат да бъдат простени нито в тази епоха, нито в бъдещите епохи и никога не трябва да ги извършвате. Дори и да сте извършили тези грехове в миналото, трябва да търсите Божията милост и да се покаете от все сърце.

Опозоряване на Божия Син

Повторното разпъване на Божия Син и Неговото опозоряване води до смърт, както е представено в Евреи 6:

Защото за тези, които веднъж са били просветени и са вкусили от небесния дар, и са станали причастни на Светия Дух, и са вкусили колко е добро Божието слово, още са вкусили и от великите дела, които въвеждат бъдещия век,

а са отпаднали, невъзможно е да се обновят пак
и да се доведат до покаяние, докато разпъват
втори път в себе си Божия Син и Го опозоряват.
(Евреи 6:4-6).

Някои хора напускат църквата и Бога чрез
изкушението на този свят и Го оскверняват, въпреки че
са приели Светия дух, знаят, че има рай и ад и вярват в
словото на истината. Ние казваме, че те извършват греха
на непрекъснатото разпъване на Божия Син и Неговото
опозоряване. Тези хора не само извършват множество
грехове под влиянието на Сатаната, но също се отричат
от Бога, преследват и унижават църквата и вярващите.

Те вече са предали своята съвест на Сатаната и
сърцата им са изпълнени с тъмнина.

Следователно, те дори не биха искали да се разкаят
напълно и духът на покаянието не идва у тях. Те нямат
никаква възможност да се разкаят и затова никога не
могат да бъдат опростени.

Юда Искариотски извършил този грях. Той бил един
от дванадесетте ученика на Христос. Той бил свидетел на
множество чудеса и знамения, но станал алчен и продал
Исус за тридесет сребърника. По-късно съзнанието му се
разбудило и било изпълнено с разкаяние, но не бил
обхванат от духа на покаянието. Грехът му не можел да
бъде простен и той накрая се самоубил, защото не можел
повече да понася вината (Матей 27:3-5).

Самоволно извършване на грехове

Последният грях, който води до смърт е да се съгрешава самоволно след като сте познали истината.

Защото ако съгрешаваме самоволно, след като сме познали истината, не остава вече жертва за грехове, а едно страшно очакване на съд и на едно огнено негодуване, което ще погълне противниците. (Евреи 10:26-27).

Да съгрешавате самоволно след като сте познали истината означава повтарянето на беззаконни дела, които Бог не прощава. Означава също да продължите да съгрешавате, макар и да знаете кое е грях: *„С тях се е случило това, което казва истинната пословица: Псето се върна на бълвоча си, и: Окъпаната свиня се върна да се валя в тинята."* (2 Петрово 2:22).

От една страна, когато Давид, който обичал Бога толкова много извършил изневяра, това породило множество грехове и го довело до убийството на един от най-преданите му войници. Въпреки това, когато пророк Натан посочил греха му, цар Давид веднага се покаял.

От друга страна, цар Саул продължил да съгрешава дори и след като пророк Самуил посочил греховете му. Давид се покаял и получил Божиите благословии, докато Саул бил простен, защото не се разкаял и продължил да съгрешава.

Освен това, Валаам бил пророк, който притежавал властта да благославя и да проклина, но когато се примирил с този свят, за да получи богатство и слава, той завършил трагично.

От една страна, Светия дух в сърцата на онези, които вършат съзнателно грехове угасва, защото Бог им обръща гръб. Тогава загубват вярата си и вършат зли и погрешни дела, повлияни от дявола. Накрая Светият дух в тях напълно изчезва и няма да бъдат спасени, защото не могат да се разкаят и имената им ще бъдат изтрити от Библията на живота (Откровение 3:5).

От друга страна, има хора, които продължават да съгрешават, защото са познавали Бога само с познанието, но не са вярвали в Него в сърцата си. Греховете им могат да бъдат простени и те могат да бъдат поведени по пътя на спасението, когато напълно и чистосърдечно се разкаят и изпитват истинска вяра.

Ето защо трябва да знаете, че няма да бъдете спасени, когато съзнателно съгрешавате, извършвайки делата на греховната природа, макар и някога да сте били осветени, да вярвате в ада и в рая и да сте изпитали Божията благословия.

Надявам се също да разберете добре, че всички грехове са беззаконие и тъмнина и Бог ги презира, макар и някои от тях да не водят до смърт. Моля ви да бъдете мъдри вярващи, които не позволяват или не вършат никакви грехове.

Плътта и кръвта на Сина на Хората

За да водите здравословен живот, трябва да се храните здравословно. По същия начин, за да поддържате здрав духа си и да спечелите вечен живот, трябва да ядете от плътта и да пиете от кръвта на Сина на Хората.

Сега ще научите какви са плътта и кръвта на Сина на Хората и защо трябва да се храните с тях, за да получите вечен живот въз основа на стиховете в Йоан 6:53-55:

> *Затова Исус им каза: Истина, истина ви казвам: Ако не ядете плътта на Човешкия Син и не пиете кръвта Му, нямате живот в себе си. Който се храни с плътта Ми и пие кръвта Ми, има вечен живот; и Аз ще го възкреся в последния ден. Защото Моята плът е истинска храна и Моята кръв е истинско питие.*

Каква е плътта на Сина на Хората?

Исус разказва в Библията за тайните на небето и Божията воля с много притчи. За хората, живеещи в този триизмерен свят е много трудно да разберат и да осъзнаят волята на Бога, който обитава света на четвъртото измерение и над него. Ето защо Исус сравнявал небесни неща с неживи предмети, растения, животни и живота на този свят, за да можем по-добре да разберем божествената воля.

Ето защо Исус – единственият Син на Бога е сравнен със скала и звезда, които нямат измерение, с виното, което има едно измерение, с агнето, което има две измерения и Сина на Бога, който е триизмерен.

Исус е наречен Син на Хората и затова плътта на Сина на Хората е плътта на Исус.

Йоан 1:1 гласи: *„В начало беше Словото; и Словото беше у Бога; и Словото беше Бог"*. Йоан 1:14 казва: *„И Словото стана плът и живя между нас; и видяхме славата Му, слава като на Единородния от Отца, пълно с благодат и истина."*

Исус е този, който дошъл на този свят като човек от плът като Божието слово. Следователно плътта на Сина на Хората е Божието слово, което е самата истина и хранейки се с плътта на Сина на Хората означава да разберем Божието слово в Библията.

Как да се храним с плътта на Сина на Хората

В Изход 12:5 и следните стихове, Исус е представен като „Агнето": *„Агнето или ярето ви нека бъде без недостатък, едногодишно мъжко; от овцете или от козите да го вземете."*

Много вярващи мислят, че агнето се отнася за новите вярващи, но ако прочетете внимателно Библията, ще видите, че агнето символизира Исус.

Йоан Баптист казал в Йоан 1:29: *„На следващия ден Йоан видя Исус, че идва към него, и каза: Ето Божия*

Агнец, Който поема греха на света!" Апостол Петър казал в 1 Петрово 1:19: *„а със скъпоценната кръв на Христос, като на агнец - без недостатък и пречист."* Освен тези стихове, има и други сравнения на Исус с агне.

Защо Библията сравнява Исус с агне? Агнето е най-кроткото и най-покорното животно от всички видове добитък. То разпознава гласа на овчаря и го слуша. Никой друг не може да го излъже, дори и да се опита да имитира гласа на господаря му. То дава на хората бяла и нежна козина, мляко и всички части от тялото си.

Така, както агнето пожертва всичко за хората, Исус спазил Божията воля и пожертвал всичко за нас.

Исус дошъл на този свят като човек от плът, макар че Той бил самият Бог по природа, проповядвал евангелието за небето, излекувал много болести и недъзи и бил разпънат на кръста. Исус се отказал от всичко, за да ви изкупи от греховете.

Исус е сравнен с агне, защото Неговите характеристики и действия наподобяват онези на нежно агне, а яденето на агнешко символизира яденето на плътта на Исус, а именно плътта на Сина на Хората.

Как трябва да се храните с плътта на Сина на Хората? Нека видим наставленията в Изход 12:9-10: *„Да не ядете от него сурово, нито варено във вода, а изпечено на огън, с главата му, краката му и дреболиите му. И да не оставите нищо от него до сутринта; ако остане нещо до сутринта, изгорете го в огън."*

Първо, не трябва да ядете сурово Божието слово

Какво означава да ядете сурова плътта на Сина на Хората?

В общи линии не е хубаво да се яде сурово месо. Ако ядете сурово месо, може да хванете вирус или бактерия и да се разболеете. По същия начин, Бог ви казва да не ядете сурово Божието слово, защото е вредно.

Божието слово е написано с вдъхновението на Светия дух, затова трябва да го четете и да се храните с него с вдъхновението на Светия дух.

Какво ще стане ако тълкувате буквално Божието слово? Сигурно погрешно ще разберете волята Му. Ето защо да ядете сурово Божието слово, означава буквално да тълкувате Библията.

Както Йоан 1:1 казва: *„и Словото беше Бог"* Библията съдържа Божието сърце и воля и всички неща се сбъдват според това Слово.

Божието слово ни казва как можем да идем на небето. Трябва добре да разбирате Божието слово, за да получите вечен живот. Човекът от плът не може да види или да разбере духовния свят.

Така е с жътваря, който не знае, че има небе, когато копае в земята. Така е с пилето, което не познава външния свят, докато е яйце. Така е с бебето, което не знае нищо за този свят докато още е в майчината утроба.

По същия начин, докато все още се намирате в този свят от плът, вие не знаете нищо за духовния свят.

Бог ви казва, че има друг свят отвъд този триизмерен свят. Така, както нероденото пиле трябва да разчупи черупката, вие също трябва да разчупите вашите плътски мисли, за да разберете и да навлезете в духовното царство.

Например, Матей 6:6 гласи: „*А ти, когато се молиш, влез във вътрешната си стаичка и като си затвориш вратата, помоли се на своя Отец, Който е в тайно; и твоят Отец, Който вижда в тайно, ще ти въздаде наяве.*" Ако трябваше да тълкувате този стих буквално, щеше да трябва винаги да се молите в стаята си. Въпреки това, вие не можете да намерите предшественици на вярата, които да се молят тайно в стаята си.

Исус не се молил в стаята Си, а на върха на планината през нощта (Лука 6:12) и на самотно място рано сутринта (Марко 1:35).

Давид се молил три пъти на ден с прозорци, отворени към Ерусалим (Даниил 6:10) и апостол Петър се молил на покрива (Деяния 10:9).

Какво означавало тогава, когато Исус казал: „Иди в твоята вътрешна стая, затвори очи и се моли"?

В този случай стаята в духовен смисъл символизира човешкото сърце. Да отидете във вашата вътрешна стая означава да преминете в мислите си и да погледнете дълбоко в сърцето си, така както преминавате през всекидневната или спалнята, за да отидете във вътрешната стая. Едва тогава може да се молите от все сърце.

Когато отидете във вътрешната стая, вие сте изолирани от външния свят. По подобен начин, когато се молите, вие трябва да блокирате всички ненужни мисли, притеснения и грижи и да се молите от все сърце.

Следователно, не трябва да ядете сурово Божието слово. Не трябва буквално да го тълкувате, трябва да го тълкувате в духовен смисъл с вдъхновението на Светия дух.

Второ, не яжте Божието слово, сварено във вода

Какво означава да не ядете месото, сварено във вода? Това означава да не добавяме нищо към Божието слово, а да го ядем чисто.

Не е правилно да се проповядва Божието слово и да се смесва с политиката, истории за обществото или пословици за известни или исторически личности.

Бог, който създал небето и земята и контролира човешкия живот и смърт, благословия и проклятие, е всемогъщ и не Му липсва нищо.

1 Коринтяни 1:25 гласи: „*Защото Божието глупаво е по-мъдро от човеците и Божието немощно е по-силно от човеците.*" Това е записано, за да разберете, че дори най-мъдрият и най-прекрасен човек не може да бъде сравняван с Бога.

Животът ви няма да стигне да проповядвате всичко,

записано в Библията. Как тогава се осмелявате да смесвате човешките приказки с Божието слово, когато предавате едно послание?

Човешкото слово се променя с течение на времето, но истината в него е записана в Библията с Божията мъдрост.

Следователно, най-важното за вас трябва да бъде Божието чисто слово, когато проповядвате Библията. Разбира се, може да представите някои притчи или илюстрации, за да могат хората по-лесно да разберат Божието слово и тайните на духовния свят.

Трябва да разберете, че само Божието слово е вечно и то е съвършената и пълна истина, която ще ви доведе до вечен живот. Ето защо, не трябва да ядете словото Му, сварено във вода.

Трето, трябва да ядете от Божието слово, изпечено на огън

Какво означава „*изпечете го на огън, както главата, така и краката и вътрешностите му*"? (Изход 12:9) Това означава, че трябва да превърнете цялото Божие слово, плътта на Сина на Хората във ваша духовна храна без да оставите нищо.

Например, някои хора се усъмняват във факта, че Моисей разделил Червено море. Някои хора дори не се опитват да прочетат Левит, защото пожертвованията в Новия завет са трудни за разбиране. Други казват, че чудесата, изпълнени от Христос са трудни за вярване и считат, че тези чудеса са могли да се сбъднат единствено преди 2000 години. Те отхвърлят много неща, които човешкият разум не може да разбере и се опитват единствено да извлекат морална поука.

Те дори не се опитват да запомнят фрази като: „Обичай врага си" или „Избягвай всичко зло", защото им се струва прекалено трудно за изпълнение. Могат ли те да бъдат спасени?

Следователно, не трябва да запомните от Библията само онова, което искате, като неразумни хора. Трябва да се храните с всички думи в Библията, изпечени на огън от Битие чрез Откровение.

Какво означава да се храним с Божието слово, изпечено на огън? Огънят тук означава огънят на Светия дух. Трябва да сте изпълнени и вдъхновени от Светия дух, когато четете и слушате Божието слово, защото то е записано с вдъхновението на Светия дух. В противен случай има само познание, а не духовна храна.

За да се храните с Божието слово, изпечено на огън, трябва страстно да се молите. Молитвите служат като масло, за да станат източник на пълнота със Светия дух. Ако се храните с Божието слово с вдъхновението на Светия дух, то е по-сладко от меда. Никога няма да ви доскучае дори и проповедите да са прекалено дълги, защото е толкова ценно и вие обичате да го слушате, както жадна сърна жадува за езерната вода.

Така трябва да се храните с Божието слово, изпечено на огън. Само по този начин ще разберете Божието слово, ще го превърнете във ваша плът и кръв и ще разберете и следвате Божията воля. По този начин ще породите духа на Светия дух, ще порасне вярата ви и ще възстановите загубения образ на Бога като разберете всички задължения на хората.

Въпреки това, онези, които се хранят с Божието слово в своите собствени мисли без да го изпекат на огън, намират словото Му за скучно и те не могат да го запомнят, защото не са концентрирани. Те не могат нито да израснат духовно, нито да постигнат истински живот.

Четвърто, не трябва да оставяте Божието слово до сутринта

Какво означава фразата „Не оставяйте нищо от него за сутринта, ако остане нещо за сутринта, трябва да го изгорите"?

Това означава, че трябва да се храните от плътта на Сина на Хората, Божието слово, през нощта. Светът, в който живеете сега е тъмен свят, контролиран от дявола и в духовен смисъл може да бъде представен като нощ. Когато нашият Господ дойде отново, цялата тъмнина ще изчезне и всичко ще бъде възстановено; ще стане сутрин, светът на светлината.

Следователно, „не оставяйте нищо от него за сутринта" означава, че трябва да учите Божието слово, за да се подготвите като булка на нашия Господ преди Неговото завръщане.

В допълнение, независимо дали приближава Божието завръщане, вие ще живеете само 70 или 80 години и не знаете кога ще срещнете Господ. Дотогава, вие израствате духовно до такава степен, че се храните с плътта и кръвта на Сина на Хората. Затова трябва съвестно да учите Божието слово и да растете духовно. Ако имате вярата на Отца чрез непрекъснато нарастване на духа ви, ще получите слава като блестящото слънце близо до Божия трон в царството Му, защото познавате Бога, който е от началото, култивирате деветте плода на Светия дух и Блаженствата и наподобявате Божия образ.

Отпивайки от кръвта на Сина на Хората

За да поддържате живота, трябва да се храните и да пиете вода. Ако не пиете изобщо вода, храната не може да се асимилира и ще умрете. Когато храната в стомаха се смеси с водата, хранителните вещества се обработват и се изхвърлят отпадъци.

По същия начин, когато се храните от плътта на Сина на Хората, ако не пиете от кръвта Му, не може да я асимилирате. Следователно, може да получите вечен живот единствено като се храните с плътта на Сина на Хората и отпивате от кръвта Му.

„Да пиете от кръвта на Сина на Хората" означава да

приложите на практика Божието слово с вяра. След като слушате Божието слово, много е важно да действате подобаващо и с вяра. Ако не действате според Божието слово след като сте го чули и опознали, няма смисъл да го слушате.

Така, както хранителните съставки са асимилирани и се отделят отпадъци при преработката на храната, Божието слово – истината, се възприема и неистината се изхвърля, когато действате праведно, за да пречистите вашите порочни сърца.

Какво означават тогава „възприета истина" и „изхвърлена неистина"? нека да кажем, че сте чули Божието слово: „Не се мразете, а се обичайте". Ако направите това своя храна и го прилагате, съставката наречена любов, ще бъде асимилирана и остатъкът, наречен омраза ще бъде изхвърлен. Вашето сърце автоматично става по-чисто и по-истинско като отделяте порочните и нечисти мисли.

Действайте според Божието слово след като сте го чули

Въпреки това, ако вие не спазвате Божието слово, вие не пиете от кръвта на Сина на Хората. Следователно, Божието слово е част от съзнанието ви и вие не може да бъдете спасени ако не го спазвате.

Отпиването на кръв от Сина на Хората, спазването на Божието слово, не могат да бъдат изпълнени просто с човешки усилия. Трябва да имате волята и да положите усилията да действате според словото Му и да получите Неговото милосърдие, сила и помощта на Светия дух чрез страстни молитви.

Ако можехте сами да се освободите от греха с ваши усилия, Исус нямаше да бъде разпънат ма кръста и Бог нямаше да има нужда да изпраща Светия дух. Исус Христос бил разпънат, за да ви изкупи от греховете, защото не може сами да решите проблема с греха и Бог е изпратил Светия дух, за да ви помогне да пречистите сърцето си. Светият дух, Божият дух, помага на Божиите деца да живеят в истината и праведността. Следователно, с помощта на Светия дух, децата на Бога спазват словото Му, пречистват се от греховете и получават Божията любов и благословия.

Опрощаване единствено чрез вървенето в светлината

Храненето с плътта и кръвта на Сина на Хората означава, че живеете праведно според Божието слово. За какъв начин на живот става въпрос? Трябва да живеете в светлината. Оставяте тъмнината и живеете в светлината, когато се храните с плътта на Сина на Хората, асимилирате я и пречиствате сърцето си. Когато действате в светлината, кръвта на Господ пречиства вашите грехове от миналото, настоящето и бъдещето.

Дори и да имате грехове, които още не са отстранени, когато се разкаете пред Бога от все сърце, греховете ви ще бъдат простени с Божието милосърдие. Онези, които истински вярват в Бога и се опитват да постигнат праведност в сърцата си, вече не са грешници, а праведни хора и могат да бъдат спасени и да получат вечен живот.

Бог е светлина

1 Йоаново 1:5 гласи: *„И известието, което чухме от Него и известяваме на вас, е това, че Бог е светлина и в Него няма никаква тъмнина.”*

Апостол Йоан, който написал 1 Йоаново, бил подготвян пряко от Исус, който дошъл на този свят и станал светлината и пътят към Бога.

Йоан 1:4-5 гласи: *„В Него беше животът и животът беше светлина на човеците. И светлината свети в тъмнината; а тъмнината не я обхвана.”* Исус му казал: *„Аз съм пътят и истината, и животът; никой не идва при Отца освен чрез Мен.”* (Йоан 14:6).

Учениците на Исус били свидетели, че „Бог е светлина” чрез Исус и посланието, което те отправят към вас е, че „Бог е светлина”.

Светлината в духовен смисъл означава истината

Какво тогава е светлината? В духовен смисъл

светлината означава истината и истината е противоположното на тъмнината.

Бог ни казва в Ефесяни 5:8: *„Тъй като някога бяхте тъмнина, а сега сте светлина в Господа, живейте като чеда на светлината."* Онези, които слушат посланието, че: „Бог е светлина" и научават истината от Бога, могат да осветят този свят така, както светлината прогонва тъмнината.

Децата на светлината, които действат според истината, носят плодовете на светлината. Ето защо Ефесяни 5:9 гласи: *„(защото плодът на светлината се състои във всичко, което е добро, право и истинно)."* Духовната любов, описана в 1 Коринтяни 13 и плодовете на Светия дух като любов, радост, мир, търпение, любезност, доброта, праведност, внимателност и самообладание, са плодовете на светлината.

Следователно, светлината се отнася за всички думи на истината за добротата, праведността и любовта като „обичайте се помежду си, молете се, пазете свещения ден, спазвайте десетте заповеди", които Бог казва в Библията.

Тъмнината в духовен смисъл означава грях

Тъмнината се отнася за състоянието, в което няма светлина и в духовен смисъл означава грях.

Всички неистински неща, които са противоположни на истината, са като тези, записани в Римляни 1:28-29: *„И понеже отказаха да познаят Бога, Бог ги предаде* *на развратен ум да вършат това, което не е прилично, изпълнени с всякакъв вид неправда, нечестие, алчност, омраза; пълни със завист, убийство, свада, измама и злоба."*

Всички те са тъмнина.

Библията ви казва да се освободите от всички неща, които принадлежат на тъмнината като кражба, убийство, изневяра и всички форми на злото.

От една страна, някои хора претендират да бъдат деца на Бога, макар и да не се подчиняват на това, което Бог им казва да спазват, а правят нещата, които Бог забранява или отхвърля. Тази тъмнина е ръководена от врага дявол и Сатаната и принадлежи на този свят, затова никога не може да се съпровожда от светлината. Ето защо онези, които действат в тъмнината, мразят светлината и живеят далеч от нея.

От друга страна, истинските деца на Бога, който е светлина и в който няма тъмнина, трябва да бягат от тъмнината и да живеят в светлината. Само тогава можете да общувате с Бога и всичко ще бъде добре в живота ви.

Доказателство за връзката с Бога

Обикновено любовта свързва децата с родителите. По същия начин за вас е очевидно – тези от вас, които вярвате в Бога – че имате връзка с него, с Бащата на вашия дух (1 Йоаново 1:3).

Връзката тук означава не само да се познавате взаимно, но да се познавате добре. Вие не може да кажете, че имате връзка с Президента, макар и да знаете много за него. Същото важи и за връзката ви с Бога. За да имате истинска връзка с Него, трябва да Го познавате така добре, както Той ви познава и разпознава.

1 Йоаново 1:6-7 гласи: *„Ако кажем, че имаме общение с Него, а ходим в тъмнината, лъжем и не действаме според истината. Но ако ходим в светлината, както е Той в светлината, имаме общение един с друг и кръвта на Сина Му Исус Христос ни очиства от всеки грях.“*

Това означава, че имате връзка с Бога, само когато се освободите от греховете и действате в светлината. Ако казвате, че имате връзка с Бога, когато все още действате и живеете в тъмнината, това е лъжа.

Да имате връзка с Бога означава да имате духовна и истинска връзка, не само да Го познавате със съзнанието си. Вие самите трябва да бъдете светлината, за да имате връзка с Него, защото Той е светлина. Светият дух, сърцето на Бога, ви учи на Божията воля, за да останете в светлината и да се разбирате по-добре с Него, когато четете Божието слово и се молите.

Ако вървите в тъмнината

Вие казвате лъжа ако претендирате, че имате връзка с

Бога, но вървите в тъмнината и съгрешавате. Това не означава да вървите в светлината, а по пътя към смъртта.

В 1 Царе 2, синовете на свещеника Ели действали с лошо и извършили грехове. Той трябвало да ги накаже, но просто им казал: „Защо вършите тези неща? Не трябва да правите това."

Накрая Божият гняв ги застигнал. Двама от синовете на свещеника загинали в битка, а Ели паднал назад от стола си, счупил врата си и умрял. Божият гняв достигнал също и неговите наследници: (1 Царе 2:27-36, 4:11-22).

Ето защо Ефесяни 5:11-13 гласи: „*И не участвайте в безплодните дела на тъмнината, а по-добре ги изобличавайте; защото това, което скришом вършат непокорните, срамно е и да се говори. А всичко, което се изобличава, става явно чрез светлината; понеже всяко нещо, което става явно, е осветено.*"

Ако някой претендира да има връзка с Бога, но не върви в светлината, трябва да го посъветвате с любов. Ако все още не тръгва в светлината, трябва да го смъмрите и да го поведете в светлината, за да не тръгне по пътя към смъртта.

Опрощение чрез вървене в светлината

Има закони на този свят и ако някой ги нарушава, ще бъде наказан според делото си. Въпреки това, човек не може да се отърве от вината в съзнанието си, защото лошото вече е извършено, макар и да е платил за стореното и да е бил наказан.

По същия начин, сърцето ви все още е изпълнено с грях дори и да приемете Исус Христос, да простят греховете ви и да ви обявят за праведници. Ето защо Бог нарежда да обрежете сърцата си, за да не се чувствате виновни в съзнанието си.

Еремия 4:4 казва: *„Обрежете се на Господа и отнемете краекожието на сърцата си, мъже Юдови и жители йерусалимски, за да не излезе яростта Ми като огън и да не пламне така, че да няма кой да я угаси, поради злото на делата ви.“*

Обрязването на сърцето означава да премахнете кожата му.

Да премахнете кожата на сърцето си означава да спазвате това, което Бог казва в Библията като: „Правете“, „Не правете“, „Спазвайте“ или „Отхвърлете“. С други думи това означава да отхвърлите всичко, което противоречи на Божието слово като неистина, зло, порочност, беззаконие и тъмнина, пречиствайки сърцето си и изпълвайки го с истина.

Следователно, трябва ревностно да превърнете Божието слово във ваша храна, да асимилирате хранителните съставки като действате праведно и да изхвърлите злото и неистината, които принадлежат на тъмнината. Когато обрежете сърцето си, можете да израснете духовно.

Когато станете духовен и праведен човек, отхвърлил
греха и злото като непотребни, тогава имате връзка с
Бога. Тогава кръвта на Исус Христос може да ви
пречисти от греховете, защото имате тази връзка.

Ето защо, трябва не само да приемете Исус Христос и
да бъдете обявени за праведни, но също да станете
праведни хора като се храните от плътта, отпивате от
кръвта на Сина на Хората и обрежете сърцето си.

Вярата, придружена с дела е истинска вяра

За ваша изненада, виждате много хора, които не
разбират добре значението на вярата. Някои казват:
„Защо просто не отидете на църква? Все още може да се
спасите."

Ако слушате Божието слово и го познавате, но не
живеете според него, тази вяра е само под формата на
познание, но не е истинска вяра. По този начин не може
да се спасите. Коя е вярата, която Бог признава? Как
може да се спасите с вярата?

Истинското разкаяние изисква да се откажете от греха

1 Йоаново 1:8-9 гласи: „*Ако кажем, че нямаме грях,
лъжем себе си и истината не е в нас. Ако изповядваме
греховете си, Той е верен и праведен да ни прости*

греховете и да ни очисти от всяка неправда."

Какво означава тогава да изповядате греховете си?

Нека да предположим, че Бог ви казва: „На изток е пътят към вечния живот и аз ви казвам да вървите на изток" Независимо от това, ако продължите да вървите на запад и кажете: „Боже, трябва да вървя на изток, но вървя на запад, затова моля те, прости ми" – това не е изповядване. Това не е вярата в Бога и не е страх от Него, това е подигравка с Него. Истинското разкаяние означава не само да признаете греховете си с устни, но да отхвърлите греховете от ежедневието си. Едва тогава Бог го приема за разкаяние и ви прощава.

Така, както бихте умрели ако не се храните, макар и да знаете, че храната е нужна, за да живеете, няма да бъдете пречистени чрез кръвта на Господа ако просто признаете греховете си с устни, но не ги отхвърлите.

Вярата без дела е мъртва вяра

Яков 2:22 гласи: *„Ти виждаш, че вярата действаше заедно с делата му и че чрез делата се усъвършенства вярата."* Стих 26 казва: *„Защото както тялото, отделено от духа, е мъртво, така и вярата, отделена от дела, е мъртва."* Много хора ходят на църква, защото са чули, че има ад и рай. Въпреки това, те не вярват в ада и в рая в сърцата си и делата им не са праведни.

Това е само вярата като познание и тя е мъртва вяра.

Ако признаете с устни, че вярвате докато все още съгрешавате, как може да претендирате, че притежавате вяра? Библията ви казва, че грехът, извършен съзнателно е по-лош от греха, извършен без познанието.

Когато признавате: „Вярвам" без да го прилагате в живота си, може да мислите, че притежавате вяра, но Бог не я признава за истинска.

Израилтяните, които напуснали Египет, изпитали много дела на Бога. Бог разделил Червено море, дал им манна и яребици и ги закрилял с облаци през деня и с огън през нощта.

Въпреки това, когато Бог им заповядал да намерят земята на Кана, само Джошуа и Кейлъб повярвали в Божието слово и сила. Впоследствие онези израилтяни, които не се подчинили на Бога, защото не притежавали достатъчно вяра, за да отидат в земята на Кана, преживели 40 годишни изпитания в пустинята и накрая умрели там.

Трябва да разберете, че е безполезно ако не действате и не вярвате според Божието слово дори и да сте били свидетели и да сте изпитали много дела на Бога. Вярата се допълва от дела.

Праведни са само онези, които спазват закона

Бог ни казва в Римляни 2:13: *„Защото не слушателите на закона са праведни пред Бога; но* *изпълнителите на закона ще бъдат оправдани."* Вие не сте праведни ако само посещавате църква и слушате проповеди. Вие сте праведни, когато вашите неистински сърца станат истински като живеете праведно според Божието слово.

Някои казват, че можете да бъдете спасени просто ако наричате с устни Исус Христос „Господ", тълкувайки погрешно Римляни 10:13: *„Защото ,всеки, който призове Господнето име, ще се спаси.'"* Това е абсолютно погрешно." Исая 34:16 казва: *„Потърсете в книгата Господня и прочетете; никое от тях няма да липсва, нито ще бъде без другарката си; защото Господ казва: Моите уста заповядаха това; и самият Негов Дух ги събра."*

Божието слово има другарка и то става съвършено само когато е изтълкувано с другарката.

Римляни 10:9-10 гласи: *„Защото ако изповядаш с устата си,че Исус е Господ, и повярваш със сърцето си, че Бог Го е възкресил от мъртвите, ще се спасиш. Защото със сърце вярва човек и се оправдава, а с уста прави изповед и се спасява."*

Само онези, които истински вярват в сърцата си, че Исус е възкръснал, могат да се изповядат с устни, защото живеят според Божието слово. Те ще бъдат спасени, когато признаят с истинска вяра и станат по-праведни, а онези, които не се изповядат по този начин, не могат да бъдат спасени.

Ето защо Исус казва в Матей 13:49-50: „*Така ще бъде и при свършека на века; ангелите ще излязат и ще отлъчат нечестивите измежду праведните, и ще ги хвърлят в огнената пещ; там ще бъде плач и скърцане със зъби.*"

Тук „праведните" означава всички онези, които разпознават Бога и претендират, че имат вяра. „*Ще отлъчат нечестивите измежду праведните*" означава, че онези, които не действат според Божието слово, не могат да бъдат спасени, макар и да посещават църква и да водят християнски живот.

Бог наистина иска обрязването на сърцето

Бог иска Неговите деца да бъдат свети и съвършени. Ето защо Той ни казва в 1 Петрово 1:15: „*Но както е свят Този, Който ви е призовал, така бъдете свети и вие в цялото си поведение*" и в Матей 5:48: „*И така, бъдете съвършени и вие, както е съвършен вашият небесен Отец.*" По времето на Стария завет, хората били спасени чрез дела като представяне на това, което щяло да последва, но по времето на Новия завет, когато Исус Христос изпълнил закона с любов, вие сте спасени чрез вярата.

„Спасени чрез дела на закона" означава, че дори и да имате порочни сърца, изпълнени с убийство, омраза, изневяра, лъжа и т.н., това не се счита за грях ако не го приведете в действие.

Бог не осъждал хората ако не съгрешавали, защото по времето на Стария завет, те не можели сами да се откажат от греховете без Светия дух. Въпреки това, по времето на Новия завет, вие сте спасени единствено, когато обрежете сърцето си с вяра и с помощта на Светия дух, защото Светия дух е дошъл за вас. Светият дух ви помага да различите греха от порока и Осъждането и ви помага да живеете според Божието слово. Следователно, с помощта на Светия дух можете да отхвърлите неистината и да пречистите сърцето си.

Трябва да разберете, че Бог наистина иска да обрежете сърцето си, да се освободите от греховете, да бъдете святи и да участвате в божествената природа. Апостол Павел познавал Божията воля и учел хората да пречистват сърцата, а не тялото си (Римляни 2:28-29). Той ви съветвал да отстоявате на греховете с цената на вашата кръв, насочили своя взор към Исус, начинателя и завършителя на нашата вяра (Евреи 12:1-4).

Надявам се да имате истинска вяра, придружена от дела, осъзнавайки, че можете да отидете в рая като извикате „Господи, Господи" само ако живеете в светлината и обрежете сърцето си.

Глава 9

Роден от вода и Дух

- Никодим отива при Исус
- Исус помогнал за духовното
  разбиране на Никодим
- Когато е роден от вода и Дух
- Трима, които свидетелстват: Духът,
  Водата и Кръвта

„Между фарисеите имаше един човек на име Никодим, юдейски първенец. Той дойде при Исус през нощта и Му каза: Учителю, знаем, че си учител, дошъл от Бога; защото никой не може да върши тези знамения, които Ти вършиш, ако Бог не е с него. Исус му отговори: Истина, истина ти казвам: Ако не се роди някой отново, не може да види Божието царство. Никодим Му каза: Как може стар човек да се роди? Може ли втори път да влезе в утробата на майка си и да се роди? Исус отговори: Истина, истина ти казвам: Ако не се роди някой от вода и Дух, не може да влезе в Божието царство."

Йоан 3:1-5

Бог изпратил Исус Христос, Своя единствен Син и открил пътя към спасението. Всеки, който Го приеме получава правото да стана дете на Бога и да се радва на вечен живот. Въпреки това в днешно време виждате, че много хора не са убедени в спасението, дори и да приемат Исус Христос. Някои хора претендират, че са получили спасение, но нямат вярата, за да бъдат спасени, а други твърдят, че са спасени, защото някога са приели Светия дух, но след това не са живели праведно.

За да приключим с посланията на кръста, нека да изясним как можем наистина да бъдем спасени от момента, в който приемем Исус Христос чрез историята на Никодим.

Никодим отива при Исус

По времето на Исус, Фарисеите почитали строго закона на Моисей и спазвали традициите на старейшините. Те били религиозни водачи сред избраните израилтяни, които вярвали в Божията върховна власт, възкресението, ангелите, последния съд и пришествието на Месията.

Въпреки това, Исус многократно ги порицавал: „Горко на вас, фарисеи." На външен вид изглеждали святи и хубави, но вътрешно били изпълнени с алчност и мъртвешки кости като варосани гробници (Матей 23:25-36).

Никодим имал добро сърце

Никодим бил един от фарисеите на съвета на юдейските старшини, наречен Синедрион. Въпреки това, той не преследвал Исус като другите Фарисеи. Вместо това, той виждал чудесата и знаменията и вярвал, че Исус, който ги извършвал, произлизал от Бога. Никодим искал да опознае Исус, защото имал добро сърце.

В Йоан 7:51, Никодим попитал Фарисеите, които искали да заловят Исус, защитавайки Го: „Нашият закон осъжда ли човек, преди да го изслуша и да разбере какво върши?"

По онова време не било лесно за един член на Синедриона да говори по този начин. Дори и днес ако едно правителство обяви Християнството за незаконно, представителите на властта не биха могли да застанат на страната на Християнството. По подобен начин, израилтяните считали всички други религии освен Юдаизма за фалшиви. Никодим знаел, че можел да бъде отлъчен ако застанел на страната на Исус и въпреки това Го защитил. Това доказвало, че бил праведен и отстоявал вярата си в Исус.

Йоан 19:39-40 представя сцената непосредствено след смъртта на Исус на кръста:

Дойде и Никодим, който беше ходил преди при Него през нощта, и донесе около сто литра смес от смирна и алое. И така, взеха тялото на Исус и Го обвиха в плащеници с ароматите според юдейския обичай на погребване.

Никодим вярвал, че Исус бил човек на Бога, служил Му неизменно дори и след Неговото разпъване на кръста и получил спасение с вярата в Неговото възкресение.

Никодим отива при Исус

В Йоан 3, е представен диалогът между Исус и Никодим преди да разбере истината с духа си.

Една нощ Никодим отишъл при Исус и Му казал: *„Учителю, знаем, че си учител, дошъл от Бога; защото никой не може да върши тези знамения, които Ти вършиш, ако Бог не е с него.”* (стих 2.)

Никодим отначало не знаел, че Исус бил Месията и Синът на Бога. Въпреки това, след като станал свидетел на знаменията, Никодим осъзнал, че Исус бил Божи човек, защото имал добро съзнание. Чрез своето добро съзнание, той знаел, че само всемогъщият Бог можел да съживи мъртвите, да накара слепите да прогледнат, куците да проходят и прокажените да се излекуват.

Защо отишъл при Исус през нощта? Той бил като онези хора, които не искат да ходят открито на църква, защото не са убедени в Създателя Бог.

Въпреки че Никодим имал добро сърце, той нямал истинска вяра. Той не бил убеден, че Исус е Месията и затова не го посетил през деня – направил го през нощта.

Исус помогнал за духовното разбиране на Никодим

Исус казал на Никодим: „*Истина, истина ти казвам: Ако не се роди някой отново, не може да види Божието царство.*" (Йоан 3:3).

Никодим изобщо не успял да Го разбере. Тогава попитал отново: „Как може стар човек да се роди?" Той не изпитвал духовна вяра и затова се чудил: „Може ли втори път да влезе в утробата на майка си и да се роди?"

Тогава Исус му казал, че бил роден от вода и Дух: „*Истина, истина ти казвам: Ако не се роди някой отново, не може да види Божието царство.*" (Йоан 3:5-6).

Когато Никодим попитал за казаното, Исус му го обяснил с притча: „*Вятърът духа където си иска и чуваш шума му, но не знаеш откъде идва и накъде отива; така е с всеки, който се е родил от Духа.*"

(Йоан 3:8).

След неподчинението на Адам, умрял човешкият дух и всички хора от тогава насетне били обречени на смърт. Въпреки това, човешкият дух се съживява ако е роден от Светия дух. След като става духовен, той възстановява Божия образ и се спасява. При все това, Никодим не разбирал казаното от Христос (Йоан 3:9).

Той попитал: „Как може да стане това?" и Исус отговорил:

Ако за земните работи ви говорих и не вярвате, как ще повярвате, ако ви говоря за небесните? И никой не се е възкачил на небето освен Този, Който е слязъл от небето, т. е. Човешкият Син, Който е на небето. И както Моисей издигна змията в пустинята, така трябва да бъде издигнат Човешкият Син и всеки, който вярва в Него, да не погине, но да има вечен живот. (Йоан 3:12-15).

В Числа 21:4-9, израилтяните, които били изведени от Египет, говорили срещу Моисей, защото не можели повече да понасят трудното пътуване до земята на Кана. Тогава Бог отвърнал лицето Си и изпратил отровни змии, които хапели хората.

Докато викали за помощ, Бог казал на Моисей да направи змия от бронз и да я сложи на прът. Бог спасил всеки, който отправили поглед към змията, но упоритите хора умрели, защото не искали дори да погледнат от безверие.

Да разберете с духа си Божието слово

Защо Бог заповядал да направят змия от бронз и я сложил на прът? От Битие 3:14 знаем, че змията е прокълната. Освен това Галатяни 3:13 казва: *„Проклет всеки, който виси на дърво."* Поставянето на бронзова змия на прът символизирала окачването на Исус на дървен кръст като прокълнатата змия, за да ви спаси. Така, както бил излекуван всеки, който погледнел змията, ще бъде спасен всеки, който вярва в Исус Христос.

Никодим не можел да разбере значението на Божието слово, защото още не бил роден от вода и Дух и духовните му очи още не били отворени.

Дори и днес, ако не сте родени от вода и Дух и ако духовните ви очи не са отворени, не може да разберете значението на духовното послание, защото го тълкувате буквално и погрешно.

Трябва страстно да се молите, за да разберете духовното значение на Божието слово чрез вдъхновението на Светия дух. Тогава милостивият Бог ще отвори сърцето ви, ще разберете Божието слово и ще имате истинска вяра.

Когато е роден от вода и Дух

Исус казал на Никодим, когато Го посетил през нощта: „*Истина, истина ти казвам: Ако не се роди някой от вода и Дух, не може да влезе в Божието царство. Роденото от плътта е плът, а роденото от Духа е дух.*" (Йоан 3:5-6).

Нека изясним значението на раждането от вода и Дух. Как може отново да се родите от вода и Дух и да получите спасение?

Водата символизира водата на вечния живот

Водата утолява жаждата ви и изглажда вътрешните ви органи. Тя пречиства тялото ви външно и вътрешно.

Исус сравнил водата на вечния живот с вода, за да обясни, че тя ви пречиства и поражда живот.

Исус ни казва в Йоан 4:14, „*А който пие от водата, която Аз ще му дам, няма да ожаднее довека; но водата, която ще му дам, ще стане в него извор на вода, която извира за вечен живот.*" Ако пиете вода, утолявате жаждата си, но накрая пак ожаднявате. Водата в този стих означава вечната вода. Човек няма да ожаднее отново ако пие от водата, която Христос дава, а именно от „извора на вода, която извира за вечен живот".

Йоан 6:54-55 гласи: „*Който се храни с плътта Ми и пие кръвта Ми, има вечен живот; и Аз ще го възкреся в последния ден. Защото Моята плът е истинска храна и*

Моята кръв е истинско питие." Тоест, плътта и кръвта на Исус за вечна вода.

Тази „плът" се отнася за Божието слово, защото Исус е словото, дошло на земята като човек от плът. Яденето на Неговата плът означава да запомните словото Му докато четете Библията.

Кръвта на Христос е живот, а животът е истина. Истината е Христос и Христос е Божията сила. Всички те са кръвта на Христос. Тъй като Божията сила идва с вярата, отпиването на кръвта на Исус означава да спазвате словото Му с вяра.

Вие сте научили, че водата в духовен смисъл означава плътта на Исус - това е Божието слово и Божият агнец. Така, както водата пречиства тялото ви, Божието слово измива нечистото от сърцето ви.

Затова се кръщавате във вода в църквата и кръщаването символизира, че ставате дете на Бога и греховете ви се прощават. Освен това, то означава, че трябва да се замислите върху Божието слово и да се пречиствате с него всеки ден.

Роден отново с вода

Как може да измиете нечистото от сърцето си с Божието слово, което е вечна вода?

Божите заповеди са от четири типа: „Правете", „Не правете", „Спазвайте" и „Отхвърлете". Например, Бог ви е казал да не правите неща като завист, омраза, осъждане, кражба, изневяра и убийство.

По същия начин, не трябва да вършите това, което е забранено и в същото време, трябва да отхвърлите всички форми на злото. Трябва също да спазвате свещения ден, да проповядвате, да се молите и да обичате ближния си. Сърцето ви постепенно ще бъде изпълнено с истината с помощта на Светия дух и Божието слово ще изчисти порочността и греха. По този начин, сърцето ви може да бъде обрязано и трансформирано в истината като спазвате Божието слово и това означава да бъдеш „роден от вода".

Следователно, за да получите пълно спасение, трябва не само да приемете Исус, но и да обрежете сърцето си като спазвате Божието слово във всеки момент от живота ви.

Роден отново от Духа

За да получите спасение, трябва да сте родени от вода и Дух. Как може да се родите от Духа? В Деяния 19:2 апостол Павел попитал някои ученици: *„Приехте ли Светия Дух, като повярвахте? А те му отговориха: Даже не сме чули дали има Свят Дух."* Какво означава да приемете Светия дух?

Първият човек Адам бил изграден от „дух", „душа" и „тяло" (1 Солунци 5:23), но духът му умрял в резултат на неподчинение. Тогава станал същество, което не било по-добро от животното, направено от душа и тяло

(Еклесиаст 3:18).

Ако се разкаете за греховете си, признаете, че сте грешници, Бог ви дава Светия дух като дар и като символ, че вие сте Божие дете (Деяния 2: 38).

Всички деца на Бога, които приемат Светия дух, са способни да различават между доброто и лошото с Божието слово и да живеят според него със силата и с мощта от небето с техните страстни и ревностни молитви.

По този начин, вие ставате праведни и получавате духовна вяра до такава степен, че пораждате дух чрез Светия дух. Йоан 3:6 гласи: *„Роденото от плътта е плът, а роденото от Духа е дух.”* В Йоан 6:63 пише: *„Духът е, който дава живот; плътта нищо не ползва; думите, които съм ви говорил, са дух и живот.”*

Да станеш човек на духа, следвайки Светия дух

Когато сте родени от вода и от Светия дух, вие получавате гражданство на небето (Филипяни 3:20). Като Божие дете, посещавате религиозни служби, почитате Го с радост и се стремите да живеете в светлината.

Преди да получите Светия дух, вие сте живели в тъмнината, защото не сте познавали истината. Въпреки това, след като приемете Светия дух, вие се опитвате да живеете в светлината.

С течение на времето откривате, че докато изпитвате

радост в сърцето си, вие непрекъснато се борите вътрешно. Това е защото законът на Духа, който следва желанията на Светия дух, се противопоставя на закона на греховната природа, която следва копнежа на грешниците, похотта на очите им и гордостта от живота (1 Йоаново 2:16).

Апостол Павел е писал за тази борба: *„Защото, колкото за вътрешното ми естество, аз се наслаждавам в Божия закон; но в телесните си части виждам различен закон, който воюва против закона на ума ми и ме заробва под греховния закон, който е в частите ми. Окаян аз човек! Кой ще ме избави от това тяло на смъртта?"* (Римляни 7:22-24)

Когато се раждате от вода и Дух, вие тъкмо ставате дете на Бога. Това не означава, че вие сте съвършен духовно.

Ето защо Галатяни 5:16-17 гласи: *„И така, казвам: Ходете по Духа и няма да угаждате на плътските страсти. Защото плътта желае силно противното на Духа, а Духът - противното на плътта; понеже те се противят едно на друго, за да не можете да правите това, което искате."*

За да следвате Светия дух, трябва да живеете според Божието слово и да Го удовлетворите. Ето защо, ако следвате желанията на Духа, няма да сте изкушени и ще можете да победите врага дявол и Сатаната, които ви изкушават да следвате желанията на греховната природа. Можете да живеете според истината и да се посветите всеотдайно на Божието царство и Неговата справедливост.

Когато следвате желанията на Светия дух, вие сте обладани от радост и мир. Въпреки това, вие ще сте нещастни и обременени ако следвате страстите на духовната природа.

С узряване на вярата ви, може да отхвърлите греховете и да следвате желанията на Светия дух по всички въпроси. Ще изчезнат желанията у вас, които ви карат да следвате греховната природа. Освен това, няма нужда да се борите, за да отхвърлите греховете и да не бъдете вече нещастни. Вие винаги ще бъдете щастливи при всякакви обстоятелства.

Бог е удовлетворен от онези, които живеят според желанията на Духа. Той им дава желанията на сърцата им, както им обещава в Псалми 37:4: *„Весели се също така в Господа и Той ще ти даде измоленото от сърцето ти."*

Ако изпълните сърцето си само с истина, Бог ще е много доволен и ще направи за вас всичко възможно. Надявам се да бъдете родени от вода и Дух и да живеете според желанията на Духа.

Трима, които свидетелстват:
Духът, Водата и Кръвта

Както вече обясних, за да може да се спасите, трябва да сте родени от вода и Дух. Въпреки това, за да получите пълно спасение, трябва да сте пречистени от греховете с кръвта на Исус като вървите в светлината.

Ако сърцето ви не е пречистено, все още имате грехове. Следователно, нуждаете се от кръвта на Исус Христос, за да бъдете пречистени от останалия грях.

По този въпрос, 1 Йоаново 5:5-8 казва следното:

> *И кой побеждава света, ако не е този, който вярва, че Исус е Божият Син? Това е Исус Христос, Който е дошъл чрез вода и кръв; не само чрез водата, а чрез водата и чрез кръвта; и Духът е, Който свидетелства, понеже Духът е истината. Защото три са, които свидетелстват: Духът, водата и кръвта; и тези три са съгласни.*

Исус идва чрез вода и кръв

Йоан 1:1 казва: „*Словото беше Бог*" и Йоан 1:14: „*И Словото стана плът и живя между нас; и видяхме славата Му, слава като на Единородния от Отца, пълно с благодат и истина.*" Тоест Исус, единственият Син на Бога и самото Божие слово, дошъл на земята като човек от плът, за да прости греховете ни. Дори и днес, Той продължава да ни пречиства със словото Божие - Библията.

Въпреки това, не може да живеете според Божието слово без помощта на Светия дух. Невъзможно е да отхвърлите греховете сами. Трябва да получите помощта на Светия дух чрез страстна молитва, за да се откажете от копненията на греховната природа, похотта на очите ви и гордостта в живота. Само тогава можете да прогоните тъмнината на неистината от сърцето си.

Трябва да пролеете кръв, за да ви простят. Евреи 9:22 гласи: *„И почти мога да кажа, че по закона всичко се очиства с кръв; и без проливане на кръв няма прощение."* Нуждаете се от кръвта на Исус, защото само Неговата чиста и непорочна кръв ви дарява с опрощение.

Трябва да вярвате в Исус, който дошъл в кръв и вода и да получите Светия дух като дар от Бога, за да постигнете спасение, за което са необходими Дух, вода и кръв.

Ако няма проливане на кръв, няма прошка и вие все още сте в грях. Нуждаете се не само от словото - водата – за да бъдете пречистени, но и от Светия дух, за да живеете изцяло според това слово. Ето защо тези три са съвместими.

Следователно, след като бъдат простени греховете ни, трябва да приемем Исус Христос, да продължим да бъдем родени от вода и Дух, за да постигнем съвършено спасение, разбирайки факта, че трите заедно: Духът, водата и кръвта ни спасяват и ни водят към небето.

Глава 10

Какво е ерес?

- Описанието на ереста според
  Библията
- Духът на истината и духът
  на заблудата

„Но е имало и лъжливи пророци между народа, както и между вас ще има лъжливи учители, които ще въведат тайно гибелни ереси, като се отричат даже от Господаря, Който ги е купил, и ще навлекат на себе си бърза погибел. И мнозина ще последват техните похотливи дела, поради които човеци пътят на истината ще се похули. От користолюбие те ще ви мамят с престорени думи; но тяхната присъда, отдавна приготвена, не се забавя и тяхната погибел не дреме."

2 Петрово 2:1-3

С развитието на цивилизацията на материализма, хората започнаха да се отричат от Бога, защото разчитат на своите знания и разум. С разпространяването на греховете, духовете на хората се помрачиха и те станаха порочни. Ето защо, много хора са измамени с лъжи, защото не могат да различат между истината и лъжата. Те правят грешката да осъждат другите въз основа на своите убеждения и теории.

В Матей 12:22-32, Исус излекувал човек, обсебен от демони, който бил глухоням. Когато Фарисеите чули за това, казали: *„Този не изгонва бесовете освен чрез началника на бесовете, Веелзевул."* (стих 24). Те считали Божията работа за извършена от демони.

Исус им казал в Матей 12:31-32: *„Затова ви казвам: Всеки грях и хула ще се прости на човеците; но хулата против Духа няма да се прости. И ако някой каже дума против Човешкия Син, ще му се прости; но ако някой каже дума против Светия Дух, няма да му се прости - нито в този свят, нито в бъдещия."*

Фарисеите стигнали до заключението, че това, което Исус извършил с Божията сила било дело на демоните. Противопоставянето на Светия дух е богохулство. Тези

Фарисеи не можели да получат прошка.

Ако ясно различавате истината от лъжата, представени в Библията, няма да съдите други хора, нито да бъдете мамени.

Нека разгледаме по-задълбочено „ереста" от гледна точка на Бога, как да различим духа на Бога от злите духове и някои еретични секти, с които трябва да внимавате.

Описанието на ереста според Библията

Оксфордският речник определя „ереста" като „вярване или мнение, което се противопоставя на принципите на определена религия". Някои хора считат за праведно само това, в което те вярват и обявяват останалите религии за ерес. Например, за будистите, само Будизмът е верният и правилен път, а останалите религии като Конфуцианството, не са правилни.

Павел, обвинен като ръководител на еретична секта

Деяния 24:5 казва: *„Понеже намерихме, че този човек е заразител и размирник между всички юдеи по света, още и водач на назарейската ерес".* Тук „назарейската ерес" означава „еретична секта" и това е първият път, в който думата „ерес" се появява в

Библията.

Евреите обвинили Павел пред управителя, защото считали за еретично проповядваното от него евангелие. Павел опровергал обвинението и проповядвал вярата си, както е записано в Деяния 24:13-16:

И те не могат да докажат пред тебе това, за което ме обвиняват сега. Но това изповядвам пред тебе, че според учението, което те наричат ерес, така служа на бащиния ни Бог, като вярвам във всичко, което е по закона и е писано в пророците, и се надявам на Бога, че ще има възкресение на праведни и неправедни, което и те сами приемат. Затова и аз се старая да имам винаги непорочна съвест и спрямо Бога, и спрямо човеците.

Наистина ли е бил еретик апостол Павел?

Трябва да прочетете определението за ерес в Библията, защото тя е Божието слово, единствената истинска Същност, която може да различи истината от лъжата. Терминът, който намеква за „еретична секта" се появява на пет места в Библията, но определението за ерес можем да намерим само веднъж:

Но е имало и лъжливи пророци между народа, както и между вас ще има лъжливи учители, които ще въведат тайно гибелни ереси, като се отричат даже от Господаря, Който ги е купил, и ще навлекат на себе си бърза погибел. (2 Петрово 2:1).

„Господарят, Който ги е купил" се отнася за Исус Христос. Хората първоначално принадлежали на Бога и живели според волята Му. След своето неподчинение, Адам станал грешник, принадлежащ на дявола. Бог изпитвал съжаление към хората, които тръгнали по пътя на смъртта и изпратил Исус, Своя единствен Син, като мирно жертвоприношение - позволил да Го разпънат, за да открие пътя към спасението чрез кръвта Си.

Бог искал хората, които някога принадлежали на дявола, да получат опрощение на греховете като вярват в Исус Христос. Така ще получат живот и отново ще принадлежат на Бога. Ето защо Исус ги изкупил чрез разпъването на кръста и Библията казва, че Исус е „Господарят, Който ги е купил".

Еретиците отричат Исус Христос

Сега знаете, че „еретиците" се отнасят до онези, *„които ще въведат тайно гибелни ереси, като се отричат даже от Господаря, Който ги е купил, и ще навлекат на себе си бърза погибел."* (2 Петрово 2:1). Този термин никога до тогава не бил използван преди Исус да изпълни Мисията Си като Спасител. Името

„Исус" означава [този, който] ще спаси хората Си от техните грехове. „Христос" е „Миропомазаният". Христос станал Спасителят едва след като изпълнил делото Си – да бъде разпънат на кръста и да възкръсне.

Ето защо не можете да намерите този термин в Стария завет или в Евангелията на Матей, Марко, Лука и Йоан, в които е записан животът на Исус. Дори фарисеите, учителите на Закона и свещениците, които преследвали Исус, не използвали този термин. Главните свещеници също не го използвали.

Едва след като Исус възкръснал, за да изпълни мисията Си като Исус, се появили хората, които се отричали от Господаря, който ги купил. Чак тогава Библията започнала да ни предупреждава за тези ереси.

Следователно, ако хората вярват в Исус Христос като „Господарят, който ги е купил", те не са еретици. Те са еретици ако го отричат.

Апостол Павел не се отрекъл от Исус Христос, който Го изкупил с ценната Си кръв. Вместо това, Павел благодарил на Исус Христос, за когото проповядвал навсякъде, където ходил. Поради тази причина бил преследван и трябвало да заплати висока цена. Пет пъти, той получил от евреите четиридесет удара с камшик без един. Един път го замервали с камъни. Вкарали го в затвора, бил преследван от неверниците и от собствените си съотечественици и бил предаден от онези, на които се доверил. Въпреки всичко това, Павел станал силен човек като преодолял страданията с радост и благодарност, възхвалявал Бога и излекувал безброй хора в името на Исус Христос до деня, в който получил мъченическа смърт.

Павел проповядвал евангелието, представяйки Божията сила

Трябва да знаете, че Божията сила не може да бъде представена от онези, които се отричат от Създателя Бог и от Исус Христос, който е Бог по природа, защото Библията изрично казва: *„Едно нещо каза Бог, да! Две нещи чух - че силата принадлежи на Бога"* (Псалми 62:11).

Не трябва да осъждате един човек, който показва Божията сила, защото тази сила е доказателство, че Бог е с него и този човек Го обича много. В Галатяни 1:6-8, Павел – обявен за водач на назарейската ерес, стриктно предупреждава да не се следва или проповядва друго евангелие, различно от посланието на кръста:

Чудя се как вие оставяте Онзи, Който ви призова чрез Христовата благодат, и така скоро преминавате към друго благовестие, което не е друго благовестие, но е дело на неколцината, които ви смущават и искат да изопачат Христовото благовестие. Но ако и самите ние или ангел от небето ви проповядват друго благовестие, освен онова, което ви проповядвахме, нека бъдат проклети.

Дори и днес някои хора са обявени за еретици, макар и никога да не са се отричали от Исус Христос, проповядвали са само евангелието на Исус и са свидетелствали за живия Бог чрез представяне на силата Му.

Не осъждайте произволно другите като еретици

Аз също съм преживял и понесъл редица обвинения в ерес, защото представих Божията сила и църквата ми се разрасна. Членовете на паството надвишиха 120,000 през последните три десетилетия след нейното основаване през 1982 година.

В продължение на седем години страдах от различни заболявания и бях излекуван напълно с Божията сила. Тогава започнах да възхвалявам Бога като апостол Павел. Поставих живота си в Божии ръце и се посветих на Исус.

Още докато бях лаик, аз се опитвах да свидетелствам, че Бог ме е излекувал и да разпространявам евангелието. След като бях призован за служител на Бога, аз проповядвах посланието на кръста и свидетелствах за живия Бог и Исус, Спасителя. Свидетелствах за Бога дори на една сватба, защото искрено исках да поведа повече хора по пътя към спасението.

Разбрах, че както мощното слово на Бога, така и

доказателството за живия Бог са необходими за свидетелството на Господ до края на света. Затова аз се молих страстно, както са се молили прадедите на вярата, за да получа Божията сила и изтърпях всички изпитания, на които бях подложен с благодарност и радост.

Изпитанията понякога бяха ужасни. Въпреки това, както Исус получил славата от възкресението след Неговата невинна смърт, Бог увеличи силата Ми с Неговата докато преодолявах изпитанията едно по едно.

Ето защо свидетелствах по целия свят, че Бог е единственият истински Бог и че ще се спасите, когато вярвате в Исус Христос - в Кения, Уганда, Хондурас, Япония, дори в мюсюлманския Пакистан и индуска Индия - от 2000 г. десетки хиляди хора се разкаяха, слепите прогледнаха, немите проговориха, глухите започнаха да чуват и нелечими болести като СПИН и ракови заболявания бяха излекувани. Тези чудеса прославяха Бога.

Този, който знае добре какво е ерес, не осъжда лековерно другите като еретици. В Деяния 5:33-42, може да прочетете за Гамалиил, учител на закона, който бил почитан от всички хора. Как действал той?

По онова време, Фарисеите от Синедриона забранили на Петър и на Йоан да свидетелстват за Исус Христос, но те били изпълнени със Светия дух и не се подчинили на съвета. По този начин, членовете на Синедриона искали да ги осъдят на смърт. Въпреки това, Гамалиил се изправил и наредил двамата да бъдат оставени настрана за малко. След това се обърнал към тях:

И каза на събранието: Израелтяни, внимавайте добре какво ще направите на тези човеци. Защото в миналото въстана Тевда и се представяше за голям човек, и към него се присъединиха около четиристотин мъже на брой; той бе убит и всички, които му се подчиниха, се разпиляха и изчезнаха. След него въстана галилеянинът Юда по време на преброяването и отвлече след себе си някои от народа; и той загина и всички, които му се покоряваха, се разпръснаха. И сега ви казвам: отдръпнете се от тези човеци и ги оставете, защото ако това намерение или това дело е от човеци, ще пропадне; но ако е от Бога, няма да можете да го опропастите. Пазете се да не би да се окажете и противници на Бога. (Деяния 5:35-39).

Докато четете този стих, вие разбирате, че ако чудесата на бяха от Бога, те щяха да се провалят накрая, дори и хората да не правят нищо, за да ги спрат. Въпреки това, дори и да се противопоставят или да разрушат делата на Бога, те не биха могли да спрат тези дела. Тяхното усилие не би се отличавало от това да се противопоставят на Бога и те ще бъдат обект на

Неговото наказание и осъждане.

Понякога хората осъждат другите като еретици заради различия при тълкуването на Библията, видения на Светия дух и различни езици макар и всички те да признават Триединството и фактът, че Исус Христос дошъл като човек от плът.

Някои хора дори казват, че не се нуждаят от различни езици или от визии и тези дела на Светия дух са погрешни, защото никъде не е записано, че Исус е говорил на други езици или е имал визии. Въпреки това, Библията казва, че те са добри за нас:

> *А на всеки се дава проявяването на Духа за обща полза. Защото на един се дава чрез Духа да говори с мъдрост, а на друг - да говори със знание чрез същия Дух, на друг - вяра чрез същия Дух, а пък на друг - изцелителни дарби чрез единия Дух; на друг - да върши велики дела, а на друг - да пророкува; на друг - да разпознава духовете; на друг - да говори разни езици; а пък на друг - да тълкува езици. А всичко това се върши от един и същи Дух, Който разделя на всеки поотделно, както иска. (1 Коринтяни 12:7-11).*

Впоследствие, вие не трябва да клеветите или да осъждате като еретици онези, които притежават различни дарби от Духа, само защото вие самите не ги притежавате.

Духът на истината и духът на заблудата

В 2 Петрово 2:1-3, има определение за ерес. Библията ви предупреждава за фалшивите пророци и учители, които тайно въвеждат разрушителни ереси. *„И мнозина ще последват техните похотливи дела, поради които човеци пътят на истината ще се похули. От користолюбие те ще ви мамят с престорени думи; но тяхната присъда, отдавна приготвена, не се забавя и тяхната погибел не дреме."* (2 Петрово 2:2-3).

1 Йоаново 4:1-3 казва: *„Възлюбени, не вярвайте на всеки дух, а изпитвайте духовете дали са от Бога; защото много лъжепророци излязоха по света. По това познавайте Божия Дух: всеки дух, който изповяда, че Исус Христос дойде в плът, е от Бога; а никой дух, който не изповядва Спасителя, не е от Бога; и това е духът на Антихриста, за когото сте чули, че идва, и сега е вече в света."*

Проверете всеки дух, независимо дали е от Бога

Има добри духове, принадлежащи на Бога, които ви водят към спасението и има също зли духове, които ви мамят към разрушението.

От една страна, този, на който Духът е даден от Бога, признава, че Исус Христос е дошъл като човек от плът. Той вярва в Триединството – Бог, Исус Христос и Духът, затова е признат за дете на Бога. Той може да разбере истината и живее праведно с помощта на Духа.

От друга страна, този, който притежава духа на Антихриста, се противопоставя на Исус Христос с Божието слово и отрича Неговото изкупление. Трябва да сте внимателни и да можете да различите антихриста, защото антихристът често действа сред вярващите, изопачавайки Божието слово.

При всички случаи, отричането на Исус Христос не е различно от противопоставянето на Бога, който Го изпратил на този свят.

Библията предупреждава за измамниците в 2 Йоаново 1:7-8, както следва: *„Защото много измамници излязоха в света, които не изповядват идването на Исус Христос в плът. Такъв човек е измамник и антихрист. Бъдете бдителни към себе си, да не изгубите онова, което сте изработили, но да получите пълна награда."*

В 1 Йоаново 2:19 има друго предупреждение: *„От нас излязоха, но не бяха от нас; защото ако бяха от нас, щяха да си останат с нас; но излязоха, за да стане явно, че те всички не са от нас."*

Има два вида антихрист: човекът, който е обсебен от духа на антихриста и човекът, който е измамен от духа на антихриста. Те и двамата се опитват да измамят хората, където и да обитава Светия дух. Подтикват хората да се противопоставят на Божието слово и ги мамят чрез мислите им. За хората, чиито мисли са контролирани изцяло от духа на антихриста казваме, че са „обзети от демони".

Ако един духовник е получил духа на антихриста, членовете на църквата напредват по пътя на унищожението, обзети от духа на антихриста.

Ето защо трябва да различавате добре Духа на истината от духа на заблудата, за да не бъдете измамени от духа на антихриста, а да живеете в истината и светлината.

Как да различавате духовете

1 Йоаново 4:5-6 гласи: *„Те са от света, затова светски говорят и светът тях слуша. Ние сме от Бога; който познава Бога, нас слуша; който не е от Бога, не ни слуша. По това разпознаваме духа на истината и духа на заблудата."*

Преработеното пълно издание на речника Уебстър дава следната дефиниция на „заблуда": Отклонение от истината; невярност; заблуда; неправилно мнение; грешка; недоразумение. Духът на заблудата е земният дух, който ви подмамва да считате за истина погрешното и ви подтиква да изоставите вярата. Този, който произлиза от Бога, слуша словото на истината, а този, който принадлежи на света, слуша светските приказки, а не истината. Ето защо е лесно да ги разпознаем. Не е трудно да различите светлината от тъмнината ако знаете истината. Тогава може да кажете: „Този човек е в истината, но този човек е в тъмнината."

Например, ако човек каже в неделен ден: „Нека отидем на пикник следобед. Нека идем само на сутрешната служба. Не е ли еднакво добре?" или ако той се опитва да разруши Божието царство чрез порочни дела и все още претендира, че вярва в Бога, това е духът на заблудата.

Може да разберете много неща, които Бог свободно ви дава ако получите духа на истината, който е от Бог (1 Коринтяни 2:12). Ето защо Светият дух живее у вас – ценното дете на Бога. Той е духът на истината и ви ръководи в цялата истина. Той не говори сам; Той казва само това, което чува и Той ще ви каже какво предстои.

Ето защо Исус казва в Йоан 14:17: „*Духа на истината, Когото светът не може да приеме, защото не Го вижда, нито Го познава. Вие Го познавате, защото Той пребъдва с вас и във вас ще бъде.*" Йоан 15:26 ни напомня и по друг начин за Светия дух: „*А когато дойде Утешителят, когото Аз ще ви изпратя от Отца, Духът на истината, Който изхожда от Отца, Той ще свидетелства за Мене.*"

1 Коринтяни 2:10 също казва: „*А на нас Бог откри това чрез Духа; понеже Духът издирва всичко, даже и Божиите дълбочини.*" Както е записано, Светият дух е единственият, който напълно познава и възприема Божия разум.

Хората, които са приели духа на истината, слушат словото на истината и го спазват. Колкото повече растат Божието царство и Неговата справедливост, толкова повече се радват. Те са пълни с живот и копнеят за небесното царство.

Някои хора просто посещават църква без да се радват, защото не притежават вяра, породена от Бога. Те все още принадлежат на света и предпочитат светски неща като пари и забавления. По този начин те не могат да живеят в истината, да копнеят за небесното царство или да обичат Бога от все сърце.

Тези хора изоставят Бога чрез духа на заблудата, защото принадлежат на света и нямат Дух на истината. Ако някой клевети или разпространява слухове за други братя и сестри по вяра или пречи на другите от завист, че са предани на Божието царство и неговото правосъдие, той няма Дух на истината.

Нека никой да не ви заблуждава

1 Йоаново 3:7 призовава за следното: *„Дечица, никой да не ви заблуждава: който върши правда, е праведен, и Христос е праведен."* Не трябва да се отклонявате от Божието слово, за да не бъдете измамени с грешно знание, защото нищо друго не може да ви поучава освен Божието слово. Само тогава ще получите пълно спасение, ще успеете на този свят и ще се радвате на вечен живот на небесното царство.

Дяволът полага всички усилия да отклони Божиите деца от спазването на словото и ви кара да се примирявате със света, да се отдалечите от Бога, да се съмнявате в Него и да Му се противопоставяте. В 1 Петрово 5:8 е записано: *„Бъдете трезвени, будни. Противникът ви, дяволът, обикаля като ревящ лъв, като търси кого да погълне.”*

Как може врагът дявол да измами децата на Бога? Може да разберете това с примера за жената, която е изкушена от един мъж. Ако жената се държи с достойнство и благоприличие, мъжете няма да се осмелят да я съблазняват. В противен случай, мъжете лесно могат да изкушат жената, която не се държи подобаващо. По същия начин, врагът дявол ще се доближи до онзи, който не отстоява в истината и се съмнява в Бога. Врагът подтиква тези хора да се отклонят от Бога и да Му се противопоставят и накрая ги води по пътя към смъртта. Ева също била изкушена от дявола, защото не внимавала и разбрала погрешно Божието слово.

Разбира се, може да срещнете изпитания, макар и да сте безгрешни. Това е защото Бог иска да ви благослови, както може да видите от изпитанието на Даниил, който бил хвърлен в клетката с лъвовете или Авраам, който трябвало да принесе в жертва сина си.

Когато срещате изпитания или затруднения, защото не отстоявате твърдо в истината, трябва веднага да се отвърнете от греховете си с разкаяние, да прогоните всички изкушения и неприятности с Божието слово и да направите всичко възможно да се задържите здраво на скалата на истината.

Отстоявайте в истината; Не се оставяйте да ви излъжат

В 1 Тимотей 4:1-2 пише: „*А Духът изрично казва, че във времена, които идат, някои ще отстъпят от вярата и ще слушат измамни духове и бесовски учения чрез лицемерието на човеци, които лъжат, чиято съвест е прегоряла*".

Това се отнася за по-късните времена, когато хората, които привидно вярват, ще се отвърнат от вярата и ще последват измамните духове и ученията на демоните.

Измамените са лицемерни, макар и действията им да изглеждат праведни и справедливи. Те се молят пред другите и се опитват да бъдат предани заради пари, а не от благодарност за Божието милосърдие. Накрая те изоставят вярата си и тръгват по пътя на смъртта, защото съвестта им е прегоряла от лъжи, от живот, лишен от вяра и изпълнен със светски забавления.

Бог строго предупреждава чрез Библията да не се оставяте да ви излъжат. Исус ни предупреждава в Матей 7:15-16: „*Пазете се от лъжливите пророци, които идват при вас с овчи дрехи, а отвътре са вълци грабители. По плодовете им ще ги познаете. Бере ли се грозде от тръни или смокини от репеи?"*

Думите и постъпките на човека отразяват неговите мисли и воля. Тоест, може да разпознаете хората по делата им. Ако някой изпитва омраза, завист и ревност вместо доброта и справедливост, той е лъжлив пророк.

В света вече има много фалшиви пророци - антихристът. Следователно, децата на Бога трябва добре да разбират какво е ерес и да различават духа на истината от духа на заблудата.

Врагът дявол и Сатаната никога не пропускат възможност да измамят децата на Бога и да ги накарат да съгрешават, когато се отклонят от истината. Когато се придържате към истината и сте праведни, вие няма да бъдете подмамени от духа на заблудата, ще го победите лесно дори и да ви доближи.

Не трябва да допускате да слушате погрешни учения или да бъдете подвеждани от тях. Спазвайте Божието слово и следвайте желанията на Светия дух, за да бъдете смели и безгрешни за Второто пришествие на нашия Господ Исус Христос.

Исус ни казва, че:

Добрият човек от доброто си съкровище изважда добри неща; а злият човек от злото си съкровище изважда зли неща. И ви казвам, че за всяка празна дума, която кажат човеците, ще отговарят в деня на съда. Защото от думите си

ще се оправдаеш и от думите си ще се осъдиш.
(Матей 12:35-37).

Добрият човек има добро сърце и не може да причини зло и беда на другите хора, независимо дали деянието е от негова полза.

Лошият човек не може да се радва в истината. Той причинява всякакво зло, за да навреди на другите, воден от ревност и завист. Макар и казаното от него да изглежда правилно и справедливо, вие не може да кажете, че е добър човек, ако той се опитва да говори лошо за другите или да отчуждава хората помежду им.

Ето защо, винаги трябва да се молите и да бъдете бдителни, за да не ви измамят. Трябва да можете да различите добрите от лошите духове и никога да не съдите другите. Трябва да вярвате в Триединството – Бащата, Синът и Светият дух, в Библията, да я спазвате и да живеете според нея.

„Ела Господи, Исус!"

Авторът
Д-р Джейрок Лий

Д-р Джейрок Лий е роден в Муан, провинция Джионам, република Корея, през 1943 година. На двадесет години д-р Лий започнал да страда от различни неизлечими болести в продължение на седем години и очаквал смъртта без надежда да оздравее. Въпреки това, един ден през пролетта на 1974 г. сестра му го завела на църква, той коленичил в молитва и живият Бог веднага го излекувал от всички болести.

От момента в който д-р Лий срещнал живия Бог чрез това прекрасно преживяване, той започнал да Го обича от все сърце и през 1978 година бил призован да стане Божи служител. Молил се пламенно, за да разбере Божията воля и да спазва Божието слово. През 1982 г. основал Централната църква Манмин в Сеул, Южна Корея, където започнали да се извършват безброй Божии дела, включително чудотворни изцеления и чудеса.

През 1986 г. д-р Лий бил ръкоположен за пастор на годишната среща на Светата корейска църква на Исус, а четири години по-късно, през 1990 г., неговите проповеди започнали да се излъчват в Австралия, Русия, Филипините и много други страни чрез далекоизточната радиопредавателна компания, азиатската радиостанция и вашингтонското християнско радио.

Три години по-късно, през 1993 г. Централната църква Манмин била избрана от списание Християнски свят (САЩ) като една от 50-те водещи световни църкви и той получил титлата почетен доктор по богословие от Християнския колеж във Флорида, САЩ. През 1996 г. д-р Лий защитил докторат по християнско духовенство от Теологичната семинария Кингсуей, Айова, САЩ.

От 1993 г. д-р Лий ръководи световната мисия чрез множество международни мероприятия в Танзания, Аржентина, Лос Анжелес, град Балтимор, Хавай и Ню Йорк в САЩ, Уганда, Япония,

Пакистан, Кения, Филипините, Хондурас, Индия, Русия, Германия, Перу, Демократична република Конго и Израел. През 2002 г. той бил обявен за „Световен пастор" от най-важните християнски вестници в Корея за своята работа в различни международни обединени мисии.

От месец април, 2012 година паството на Централната църква Манмин наброява над 120 000 члена и 10 000 национални и чуждестранни църковни представителства в целия свят. Досега е изпратила над 129 мисионера в 23 страни, включително в САЩ, Русия, Германия, Канада, Япония, Китай, Франция, Индия, Кения и много други.

Към днешна дата Д-р Лий е написал 64 книги, включително бестселърите *„Опитване на вечния живот преди смъртта", „Моят живот Моята вяра I и II", „Посланието на кръста", „Мярката на вярата", „Небето I и II"* и *„Божията сила".* Книгите му са преведени на повече от 73 езика.

Неговите статии за християнството са публикувани в следните издания: *The Hankook Ilbo, The JoongAng Daily, The Chosun Ilbo, The Dong-A Ilbo, The Munhwa Ilbo, The Seoul Shinmun, The Kyunghyang Shinmun, The Hankyoreh Shinmun, The Korea Economic Daily, The Korea Herald, The Shisa News* и Християнската преса.

Понастоящем Д-р Лий е ръководител на редица мисионерски организации и асоциации. Той е председател на Обединената света църква на Исус Христос, президент на Световната мисия на Манмин, постоянен президент на Световната християнска асоциация за изцеление, основател и председател на съвета на Глобалната християнска мрежа (GCN), основател и председател на съвета на Световната мрежа на християнските лекари (WCDN) и основател и председател на съвета на Международната семинария Манмин (MIS).

Небето I & II

Подробно описание на великолепната среда, на която се радват небесните жители и красиво описание на различните равнища на небесното царство.

Моят живот Моята вяра I & II

Най-благоуханен духовен аромат от живота, разцъфтял с несравнима любов към Бога сред тъмни вълни, тежък гнет и най-дълбоко отчаяние.

Опитване на вечния живот преди смъртта

Мемоари на преподобния Д-р Джейрок Лий, който бил прероден и спасен от долината на смъртта и от тогава води примерен християнски живот.

Мярката на вярата

Какво обиталище, каква корона и какви награди са подготвени за Вас на небето? Тази книга дарява с мъдрост и Ви ръководи, за да премерите вярата си и да добиете най-добрата и зряла вяра.

Ад

Страстно послание до цялото човечество от Бога, който не иска нито една душа да не попадне в дълбините на Ада! Ще откриете неописаната досега жестока действителност на Чистилището и Ада.